조선무용의 미학과 하이데거의 진리

조선무용의 미학과 하이데거의 진리

초판 1쇄 발행 2022년 1월 18일

지은이 배학수
펴낸이 권경옥
펴낸곳 해피북미디어
등록 2009년 9월 25일 제2017-000001호
주소 부산광역시 동래구 우장춘로68번길 22
전화 051-555-9684 | 팩스 051-507-7543
전자우편 bookskko@gmail.com

ISBN 978-89-98079-71-0 93680

* 책값은 뒤표지에 있습니다.
* 잘못된 책은 구입하신 곳에서 교환해드립니다.

「예술문화총서 09」

배학수 지음

조선무용의 미학과 하이데거의 진리

해피북미디어

일러두기

참고한 영상은 해당 부분에 번호를 표시하고, 부록에 QR 코드 형태로 실어두었다.

서문

"우리 것이 좋은 것이여!"

전통무용인들은 이런 말을 자주 합니다. 그러면서 우리 춤은 자연이며, 흥이며, 멋이며, 한이라고 합니다. 저는 이런 얘기를 들을 때마다 기분이 좋으면서도 의문이 들었습니다. 우리 춤에 어떤 점이 있기에 저런 찬탄을 할까? 발레나 모던 댄스에는 저런 특성이 없을까? 이 책은 우리 춤이 왜 좋은지 그 물음에 대한 해답을 찾는 과정에서 쓰게 되었습니다.

우리 춤이 멋있다고 말하려면 미학적 탐구를 통해 우리 춤의 예술적 가치를 드러내야 합니다. 우리 춤이라는 말은 다소 주관적 용어입니다. 그 말을 지시하는 객관적 용어가 필요합니다. 우리 춤을 보통 한국무용이라고 하는데, 저는 조선무용이라고 부를 것입니다. 이유는 앞으로 설명합니다.

조선무용에 대한 미학적 탐구는 세 방향으로 나아갑니다. 첫째, 작품의 정체성을 확인하는 것입니다. 자신의 정체를 알려면 다른 것과 비교하여 자신의 고유성을 발견해야 합니다. 조선무용의 작품들은 아직 정체성이 확인되지 않은 것들이 많습니다. 예를 들어 살풀이춤에 굿거리장단이 쓰이고 있는데 많은 무용가들은 살풀이장단이 쓰이고 있다고 잘못 알고 있는 것입니다. 정체성의 확인을 위해서 작품에 대한 역사적 연구가 필요합니다. 둘째, 작품의 보편성을 드러내는 것입니다. 위대한 예술 작품은 생성 배경이 다르고 연행 환경에 차이가 있지만, 모두 세계와 인생의 보편적 진실을 담고 있습니다. 개별 무용 작품에 건설되어 있는 존재의 진리를 파헤치는 것이 미학적 탐구의 두 번째 길입니다. 셋째, 작품의 사회적 의미를 발견하는 것입니다. 무용 작품은 크든 적든 사회에 영향을 미치게 됩니다. 조선무용이 연행됨으로써 한국 사회에 어떤 긍정적 또는 부정적 영향을 끼치고 있는지를 탐구하는 것이 미학적 탐구의 세 번째 길입니다.

이 책은 〈예술부산〉(한국예총 부산광역시 연합회 발행)에 글을 기고하면서 조금씩 쓴 것입니다. 2020년부터 2021년까지 "부산무용 미학"이라는 기획 아래 소논문 17개를 발표하였습니다. 저는 부산무용을 부산적 무용이 아니라 부산에서 공연하는 조선무용이라고 규정하고 글을 썼습니다. 그러다 보니 부산의 향토무용뿐 아니라 조선무용 전체를 다루게 되었습니다. 그래서 책의 제목을 『조선무용의 미학과 하이데거의 진리』로 붙였습니다. 관점을 조선무용으로 확대하면서 조선무용의 예술적 가치를 탐구하는 글을 새로 써서 1부에 배치하고, 개별 작품을 다루는 2부에 정재의 미학을 탐구하는 글을 추가하였으며, 〈예술부산〉에 이미 발표한 글들도 확장적 관점에서 수정하였습니다.

2022년 12월

배학수

차례

3부 지역적 조선무용

1부

조선무용의
본질과 가치

한국무용과 조선무용

2022년 2월 8일 한국무용협회는 협회 명칭을 "대한무용협회"로 변경했다. 협회가 한국무용, 발레, 현대무용을 대표함에도 한국무용만을 대표하는 단체로 오인하는 경우가 많아서 협회의 명칭을 변경했다고 한다. 이번 명칭 변경 문제는 "한국무용"의 다의성 때문에 생긴 것이다.

한국무용은 1) 한국의 무용과 2) 한국적 무용을 다 의미할 수 있다. 한국 자동차는 한국에서 생산되는 모든 자동차를 의미한다. 현대도, 기아도, 대우도 한국 자동차이다. 이와 비슷하게 한국의 무용은 한국에서 한국인이 공연하는 모든 무용을 의미할 수 있다. 넓은 의미에서 한국 무용은 발레, 현대무용, 전통무용, 스트릿 댄스, K-Pop 댄스를 포함한다. 이와 달리 한국적 무용은 전통무용이나 전통에 바탕을 두고 창작된 새로운 무용이다. 발레나 현대무용, 스페인 무용은 한국적 무용이 아니므로 한국에서 한국인이 공연하더라도 한국무용은 아니다. 한국적 무용을 뜻하는 한국무용은 한국무용의 좁은 개념이다.

어디까지가 전통인가?

전통은 과거에 생산된 사물이나 사상이다. 그것들 중에는 현재까지 살아 있는 것도 있고, 지금은 사라진 것도 있다. 음력설에 제사를 올리는 풍습은 지금도 남아 있는 전통이며, 신분제도는 소멸된 전통이다.

무용에도 전통을 거론할 수 있다. 전통무용은 과거에 생산되고 연행된 춤이다. 문제는 과거를 어디로 잡을 것인가이다. 작년도 과거라면 작년에 공연된 무용도 전통무용이다. 그런데 과거는 지난 시대, 전근대로 이해해야 한다. 그러면 우리나라의 전통은 조선이 멸망할 때까지, 즉 1910년 이전까지 시대이다. 우리나라에서는 1910년 이후 근대 사회가 시작되었기 때문이다. 근대의 시작은 나라마다 다르다. 유럽에서는 근대가 16세기에 시작한다.

근대와 전근대를 가르는 기준은 인간관의 차이이다. 근대는 인간을 개체로 파악한다. 개체란 자기결정권을 가진 자율적 인간이다. 전근대사회에서는 인간을 이렇게 보지 않았다. 그때 인간이란 외부의 권위에 의해 존재가 결정된 타율적 인간이다.

조선에도 근대의 싹은 있었다. 그것은 1894년의 갑오경장(甲午更張)이다. 만약 일제의 침략이 없었다면 조선은 근대화를 성취하여 지금의 영국이나 일본처럼 입헌군주국으로 발전할 수도 있었을 것이다. 그러나 불행하게도 조선은 근대화의 첫걸음만 딛고 말았다.

우리나라 근대의 기점은 1910년으로 잡는 것이 타당하다. 그렇다면 전통무용이란 1910년 이전에 창작되고 연행된 춤이다. 정재가 대표적 전통무용이다. 그리고 전통사회의 마을굿에서 연행된 춤도 전통무용이다. 정재는 궁중이나 지방관청의 행사에서 연행하는 춤이므로 관아(官衙) 무용이며, 굿판의 춤은 민간에서 연행하는 춤이므로 여항(閭巷) 무용이다. 관아 무용은 악학궤범 같은 문헌에 수록되어 있으나, 여항 무용은 기록이 드물다.

전통무용을 조선무용이라고 부르자

1910년 이후에 전통무용 형식으로 창작된 무용 작품이 많다. 현재의 살풀이춤, 승무, 태평무 등 유명한 작품은 1930년대 한성준이 창작했다. 1910년 이전에 창작된 작품만이 전통무용이므로 이런 부류의 작품은 전통무용이 아니다. 그러나 한성준의 무용은 1910년 이후에 창작된 작품이지만 전통무용의 요소를 상당히 지니고 있다. 이런 신전통무용을 어떻게 불러야 할까?

지금까지 전통무용과 신전통무용을 한국무용이라고 불러왔다. 이때 한국무용은 "한국의 무용"이 아니라 "한국적 무용"이라는 좁은 의미이다. 그런데 전통무용과 신전통무용을 함께 한국무용이라고 부르는 것은 어색하다. 전통무용은 고려와 조선에서 연행된 것이다. 대한제국(大韓帝國)은 1897년에 선포되어 13년밖에 존속하지 못했고, 대한민국은 1948년 창립된 국가이다. 그래서 고려와 조선의 전통무용을 한국무용이라고 부르는 것은 어색하다. 간장도 전통식 간장을 한국간장이라고 하지 않고 조선간장이라고 부른다. 토종 무도 조선무라고 하지 한국무라고 하지 않는다. 전통이나 토종을 가리킬 때는 그것이 살아 있었던 시대의 국호인 조선을 사용하는 것이 훨씬 자연스럽다. 전통무용을 고려무용이라고 부를 수도 있을 것이다. 이 명칭은 남북한과 재외동포들을 포괄하는 민족무용을 명명할 때 고려해볼 수 있다. 그러나 지금은 전통무용을 고려무용이라고 하기보다 조선무용이라고 하는 것이 좋다. 정재 중에서 고려 때부터 내려온 것은 소수이며 대부분의 정재는 조선에서 창작되었다. 그리고 전통무용 중 여항의 무용은 거의 조선에서 연행된 것이다.

한성준뿐 아니라 최승희도 20세기 초반에 전통 스타일로 무용 작품을 만들었다. 이들의 신전통무용도 전통의 양식을 담고 있으므로 조선무용이라고 부르면 된다. 신전통무용은 너무 길어서 신무용이라고 줄이는 것이 좋다. 국악에서 민요의 형식을 살려 현대에 작곡한 대중가요를 신민요라고 부른다. 「태평가」, 「울산아가씨」, 「노들강변」은 전통민요가 아니라 1920년 이후 민요 스타일로 만든 대중가요인데, 그런 노래를 신민요라고 부른다. 이처럼 신전통무용도 신무용이라고 부를 수 있다. 조선무용은 전통무용과 신무용을 포괄하는 개념으로 지금까지 사용했던 한국무용이란 용어를 조선무용으로 대체하는 것이다. 북한에서는 전통무용을 조선무용이라고 예전부터 불렀다.

정리하자면 다음과 같다.

1) 전통무용은 1910년 이전 조선이 멸망할 때까지 조선 반

도에서 창작된 무용이다.

2) 전통무용을 한국무용이라고 부르기엔 어색하다. 전통무용은 조선무용이라고 부르는 것이 좋다.

3) 1930년대 한성준 등이 창작한 무용은 전통무용이 아니다. 그러나 전통의 요소를 담고 있으므로 조선무용이라고 부른다.

신무용을 왜 전통이라고 우기는가

조선무용 계열에는 전통무용과 신무용(전통 스타일의 새로운 무용)이 있다. 전통무용이란 전통사회(1910년 이전 사회)에서 연행되었던 춤이다. 예를 들어 진주검무, 동래고무, 진주한량무, 춘앵전 등 정재와 민간의 굿에서 추는 여항의 춤이 전통무용이다. 반면 살풀이춤, 승무, 태평무는 전통무용이 아니라 전통 스타일로 만든 신전통무용, 즉 신무용이다. 이것들은 1930년대 한성준이 창작한 작품이다. 신무용은 전통무용이 아니다.

어떤 사람은 신무용도 전통무용에 넣어야 한다고 주장할 것이다. 그러나 전통 양식대로 만들었다고 다 전통이라고 간주해선 안 된다. 예를 들어 서울 광화문에 전통의 양식대로 건축물을 지었다고 하자. 이것이 전통 건축일까? 아니다. 그것은 전통의 양식으로 지은 현대 건축이다. 전통과 전통이 아닌 것은 구별해야 한다. 국악에 비유하자면, 전통사회 시절 인민들 사이에서 저절로 생긴 노래가 민요이지, 현대사회에서 특정한 사람이 돈을 벌기 위해 작사 작곡한 노래는 민요풍이라도 민요는 아니다. 마찬가지로 1910년 이후 전통무용 양식으로 창작된 무용 작품은 전통무용이 아니라 신전통무용이다.

많은 사람들은 한성준의 신전통무용을 전통무용이라고 오해하고 있다. 일부 무용인들은 한성준의 작품이 전통이 아니라는 점을 알면서도 전통무용이라고 계속 우긴다. 왜 그럴까? 전통무용에 대해 국가의 지원이 크기 때문일지도 모른다. 어떤 이유에서든 개념의 혼란은 좋지 않다.

한성준의 살풀이춤, 승무, 태평무는 현재 국가지정문화재로 지정되어 있다. 1930년대 작품은 아직 100년도 안 된 것이다. 그것들을 문화재로 지정할 수 있나? 그것들은 문화재가 될 수 없다. 현재의 살풀이춤, 승무, 태평무는 한성준의 창작품이지, 전통무용이 아니다.

국무(國舞) 전통과 국무 현대

전통음악을 국악(國樂)이라고 하듯이, 전통무용을 국무(國舞)라고 부르면 어떨까? 강이문 교수는 그렇게 하자고 제안한다. 강교수는 '국무'라는 말을 만들어내었다. 더 나아가 강 교수는 전통무용과 전통을 바탕에 두고 새로 창작한 무용을 구별할 때는, '국무 전통', '국무 현대'라는 용어를 쓰자고 한다.

국무 전통과 국무 현대라는 용어를 사용하면 정재는 국무 전통이고, 한성준의 살풀이춤, 승무, 태평무는 국무 현대이다. 전통무용과 신전통무용을 국무라는 말로 통합하고, 동시에 국무에 전통과 현대라는 말을 붙여 그 둘을 말끔하게 구별하는 것이다. 그러나 '국무'가 조어라서 좀 어색하다. 그래서 필자는 국무 대신 조선무용이라는 말을 사용한다.

이 책은 조선무용의 주요 작품을 분석하고 그것의 의미와 가치를 탐구한다. 대상 작품은 전통무용과 신전통무용, 그리고 관아 무용과 여항 무용을 모두 포괄한다. 춘앵전, 동래고무 같은 정재는 관아 무용이며 전통무용이고, 동래와 수영의 탈춤은 여항 무용이며 전통무용이다. 그러나 신전통무용에서는 관아와 여향의 구별이 없다. 왜냐하면 조선이 멸망하면서 궁중이 사라졌기 때문이다.

무용의 본질과 가치

어떤 무용 공연에서 음악에 맞추어 움직이는 무용가의 기교 넘치는 동작을 보았다고 하자. 우리는 아마 현대무용 작품을 감상했다고 할 것이다. 그런데 무대 위 일련의 동작을 우리는 왜 곡예라고 하지 않고 무용 작품이라고 하는가? 무용 예술은 고난도의 묘기가 넘치는 체조의 마루운동과 어떻게 다른가? 이 물음에 대답하려면 무용 예술의 본질에 관하여 묻지 않을 수 없다.

어떤 예술론이든, 예술에 관한 의미 있는 토론을 가능하게 하려면 최소한 다음의 두 가지 조건을 반드시 갖추고 있어야 한다. 첫째, 진정한 예술론은 예술의 본질을 실질적으로 규정하는 것이어야 한다. 그래서 예술과 비예술을 나눌 수 있고, 훌륭한 예술과 그렇지 않은 예술을 비교하고 판정하는 기준을 제시해야 한다. 둘째, 그것은 예술을 감상하는 사람에게 예술이 어떤 의미가 있는지 말할 수 있어야 한다.

무용 형식설 – 무용 예술은 형식을 갖춘 동작이다

자주 논의되고 있는 일반적인 무용론은 이러한 필수 조건을 갖추고 있지 않다. 가장 시시한 무용론은 무용 예술을 인간의 육체를 통한 일련의 동작이라고만 규정하는 것이다. 무용 예술이 그 정도에 그친다면 무용과 일상생활에서 일어나는 인간의 육체 행동을 구별할 수 없을 것이다. 더 나아가 우수한 무용과 그렇지 않은 작품을 나눌 수도 없다. 물론 이러한 무용론을 주장하는 사람은 드물지도 모르지만 사실상 이와 큰 차이가 없는 견해는 널리 유포되고 있다. 그것에 따르면 무용이란 일정한 형식을 갖춘 일련의 동작이다. 이 견해는 형식설이라 부를 수 있다.

무용 형식설은 세상의 사물이나 사건을 지시하지 않는 순수 동작으로만 무용을 구성하려는 머스 커닝햄(Merce Cunningham) 같은 현대 무용가들이 좋아하는 견해일 것이다. 그러나 무용의 동작이 의미가 전혀 배제된 순수 동작이라면, 무용과 체조의 마루운동, 그리고 서커스의 곡예는 구별되지 않을 것이다. 더 나아가 무용이 형식을 갖춘 순수 동작에 지나지 않는다면, 순수 동작의 무용 작품이 무용을 감상하는 사람에게 무슨 의미가 있는지 알 수 없다. 작품을 만드는 사람을 중심으로 생각한다면 순수 동작의 무용도 의미가 있을 것이다. 그것은 무용가에게는 개인적 체험의 승화, 예술혼의 발현, 또는 유희 본능의 표출이니 하는 이런저런 의미가 있겠지만, 관객은 왜 그런 무용을 보아야 하는가? 무용가 개인의 독백을 감상자는 무엇 때문에 들어주어야 하는가?

무용 묘사설 – 무용 예술은 동작을 통하여 현실을 모방하거나 인간의 내면을 표현한다

형식설보다 좀 발전한 무용론에 따르면 무용 예술은 일련의 동작을 통하여 무언가를 모방하거나 무용가의 내면을 표현한다는 것이다. '육체 언어'라는 말이 있듯이 우리는 몸동작을 통해 어떤 사물이나 사건을 재현하여 정보를 전달하거나, 아니면 우리의 느낌이나 기분을 표현하여 관객을 어떤 심정에 빠지도록 유도할 수 있다. 앞의 견해는 모방설, 뒤의 견해는 표현설이라고 부를 수 있을 것이다. 〈백조의 호수〉 같은 발레 작품은 동작으로써 줄거리를 얘기한다. 조지 발란쉰(George Balanchine)이나 마사 그래엄(Martha Graham)의 작품은 고전발레와 같은 줄거리는 없지만 특정한 정서와 느낌을 표현함으로써 관객을 어떤 기분에 사로잡히게 한다. 모방설과 표현설의 각도에서 보면, 무용의 동작은 순수 동작이 아니라 무언가를 묘사한다. 수화처럼 구체적으로 사물을 묘사하든, 아니면 추상적으로 분위기를 묘사하든, 춤동작으로 무언가를 묘사한다. 이 두 견해는 무용 묘사설이라 부를 수 있다.

묘사설은 무용의 실질적 본질과 의미를 제대로 규정하고 있는가? 한 무용 작품이 어떤 사회적 사건이나 무용가의 정서를 육체의 동작으로 묘사한다고 하자. 그런데 그것 자체가 일상생활의 몸짓과는 어떻게 다른가? 우리는 일상생활의 몸짓으로 많은 것들을 묘사한다. 일상적 몸짓도 그리고 무용의 동작도 무언가를 묘사한다. 무용이 묘사에 그치고 만다면, 무용과 일상 동작은 차이가 없다. 따라서 무용이 무언가를 묘사하는 동작이기만 하다면, 무용은 아직 예술의 단계는 아니다.

진리 건립설 – 예술은 작품 속에 진리를 건설한다

무용 예술의 본질을 규정하며 무용과 인간의 관계를 밝혀주는 진정한 무용론을 어디에서 찾을 수 있을까? 필자는 그것을 마르틴 하이데거(Martin Heidegger)의 예술론에 기반을 두고 만들 수 있다고 믿는다. 하이데거에 따르면 예술 창작은 작품에 진리를 건설하는 활동이며, 예술 감상은 작품에서 전개되는 진리를 깨닫는 활동이다. 이 견해는 진리 건립설이라고 부를 수 있을 것이다. 진리 건립설은 앞에서 거론한 예술론의 두 필수 조건을 갖추고 있다. 예술 작품에 건설되는 진리가 예술과 비예술을 가르는 기준이다. 체조의 마루운동이나 서커스의 곡예는 일정한 형식을 갖추고 있으나 거기에서 진리가 건설되지는 않는다. 그래서 이것들은 예술이 아니다. 반면, 〈백조의 호수〉 같은 발레 작품뿐 아니라 커닝햄이나 그래엄의 현대무용 작품에는 진리가 건설되어 있다. 그래서 이것들은 예술이다. 진리 건립설은 예술 작품의 우열을 가리는 기준도 제시한다. 진리가 근원적이면 근원적일수록, 그리고 작품에 잘 표출되면 표출될수록 예술 작품은 더 훌륭한 것이다.

그런데 예술 작품에서 표출되는 진리를 감상자가 깨닫는 것에 어떤 의미가 있을까? 이는 예술의 가치에 대한 물음이다. 대개 예술론들은 지나치게 작가 중심이어서 예술 창작이 예술가에게 무슨 의미가 있는지를 물을 뿐, 감상자에게 어떤 의미가 있는지를 묻지 않는다. 예술 작품이 예술가에게는 너무나 절실하고 치열한 삶의 표출이라 하더라도 감상자에게는 예술가의 독백에 그칠 뿐 아무런 의미가 없을 수도 있다. 이것은 난해한 예술 작품의 이해 문제가 아니다. 감상자가 예술 작품의 내용을 제대로 이해한다고 하더라도, 그 내용이 감상자의 삶과 관련이 없으며, 별다른 영향을 주지 않을 수도 있는 것이다.

진리 건립설은 예술의 의미를 감상자 중심에서 포착한다. 예술 작품에서 표출되어야 할 진리는 예술가 개인만의 것이 아니라 감상자가 공감하는 존재의 진리이다. 감상자는 일상의 삶 속에서 잊어버렸거나, 미처 보지 못했거나, 잘못 알았던 존재의 진리를 예술 작품에서 발견한다. 이런 진리의 직관을 통하여 감상자는 세계와 자기를 새롭게 이해하고, 과거의 낡은 이념으로부터 해방되어, 다가올 미래를 준비할 수 있다. 세계에 대한 이해의 확대, 삶의 의미 자각, 우상으로부터의 해방, 미래를 향한 준비, 이것들이 바로 감상자의 편에서 본 예술의 가치이다.

〈성 마태의 부름〉은 신 앞에 선 인간 존재의 진리를 표출한다

카라바지오(Caravaggio)의 그림 〈성 마태의 부름〉(The Calling of Saint Matthew, 1599~1600)을 보자. 이것은 사무실에서 다른 세리(稅吏)와 함께 돈을 세고 있던 마태를 그리스도가 부르는 사건을 묘사한다. 이 사건은 신약 성경 마태복음 9장 9절에 기록되어 있다. "예수께서 그곳을 떠나 지나가시다가 마태라 하는 사람이 세관에 앉아 있는 것을 보시고 이르시되 나를 따르라 하시니 일어나 따르니라."* 그리스도는 한 세리를 사무실에서 보았다. 그의 이름은 마태(Matthew)이다. 그리스도는 마태에게 말했다. "나를 따라오너라!" 마태는 일어서서 그를 따랐다.

그림의 장면은 세무공무원이 근무하는 사무실이다. 벽에는 창문이 높이 달려 있는데, 노란 종이를 발라 빛을 차단했다. 화면 왼편에 다섯 사람이 테이블에 둘러 앉아 있다. 마태는 거기에 끼여 있다. 화면 오른편에서 두 낯선 사람이 들어온다. 그들은 5명의 세리 앞에 선다. 둘 중 하나는 그리스도(Christ)이고 다른 사람은 베드로(Saint Peter)이다. 그리스도는 손가락으로 중앙에 앉아 있는 마태를 가리킨다. 마태는 놀라서 왼손으로 자기를 가리키며, "저요?"라고 묻는다. 나머지 네 사람은 다른 행동으로 반응

---

* As Jesus went on from there, he saw a man named Matthew sitting at the tax collector's booth. "Follow me." he told him, and Matthew got up and followed him.

카라바지오 〈성 마태의 부름〉(1599~1600)

한다. 깃털 베레모를 쓴 젊은 두 사람은 낯선 사람들을 향해 고개를 돌린다. 왼편에 앉아 있는 나머지 두 사람은 고개를 숙이고 돈을 계산하고 있다. 둘 중 젊은 사람은 동전을 헤아리고, 안경을 낀 늙은 사람은 계산을 확인한다.

이 그림은 두 부분으로 나뉘어 있다. 왼쪽에는 5명이 테이블에 둘러 앉아 있고, 오른쪽에는 그리스도와 베드로가 서 있다. 두 부분은 텅 빈 공간으로 단절되어 있다. 그 공간을 단지 그리스도의 오른손이 채운다. 그리스도의 손은 두 부분을 연결한다. 그리스도의 후면으로부터 비치는 빛살은 실제의 물리적 빛이 아니라 상징적 빛이다. 그것은 은총을 나타낸다. 그 은총은 은총을 갈망하는 사람만이 받을 수 있다. 고개를 숙이고 탐욕스럽게 돈을 계산하는 두 세리는 신이 주는 은총의 혜택을 받지 못하게 될 것이다.

그림은 성경의 구절을 그대로 묘사하지 않는다. 성경에는 세무 사무실에서 그리스도가 마태를 불러 마태가 따라갔다는 것밖에 나와 있지 않다. 그러나 그림에는 그리스도의 부름에 반응하는 세 종류의 인간과 부름의 성격이 추가되어 있다. 그리스도의 부름은 은총의 빛으로 표현되어 있다. 그리스도의 부름에 어떤 사람은 관심만 기울이고, 어떤 사람은 아예 관심이 없고, 어떤 사람은 적극적으로 반응하여 그리스도를 따른다.

카라바지오는 그림 속에 인간 존재의 진리를 건설하려고 한다. "신은 인간에게 은총을 내려주는데, 적극적으로 신의 부름을 수용하는 사람만이 구원된다." 이것이 작품에 건설된 존재의 진리이다. 이 작품이 성서의 이야기를 그대로 묘사하는 데 그쳤다면 그것은 아직 예술 작품이 아니었을 것이다. 이러한 사건의 묘사를 통하여 삶의 진리를 그림이 표출하기 때문에 그 그림은 예술의 단계로 올라가는 것이다.

세인은 존재의 진리를 망각한다

만약 누구나 쉽게 존재의 진리를 직관할 수 있다면 예술은 그렇게 가치 있는 영역이 아닐 것이다. 예술 창작의 본질은 진리를 작품 속에 건설하는 것인데 대부분의 사람들이 이미 존재의 진리를 알고 있다면 그것을 작품 속에 표출할 필요가 없을 것이기 때문이다. 그러나 세계와 인간의 진리를 우리는 자주 망각한다. 카라바지오 시대의 사람들이라고 해서 인간의 구원에 관한 진리를 늘 직관하고 있는 것은 아니다. 사람들은 신의 은총을 얻어 인간이 구원된다는 진리를 자주 망각하는데, 카라바지오의 그림을 감상하면서 잊어버렸던 인간 존재의 진리를 다시 각성한다.

우리의 시선은 일상생활에서 당면한 목적, 특정의 사태에만 머물고 있다. 카라바지오의 그림에서 그리스도가 그들을 부르는데도 두 사람은 돈을 헤아리는 데 열중한다. 존재의 진리를 보여주어도 이들은 보지 않는다. 그 그림에서는 5명의 세리 중 두 사람만이 진리를 외면한다. 그런데 실제 세상에는 대부분의 인간들이 존재의 진리를 망각하고 있다고 하이데거는 지적한다. 존재의 진리를 망각하고 살아가는 인간을 하이데거는 "세인(das Man)"이라고 부른다. 세인의 일상적 삶에서 세계와 자신의 진리는 은폐되어 있다. 우리가 세인의 방식으로 살아갈 때 우리의 감정도 진실하지 않다. 어떤 일이 벌어지면 우리는 기뻐하거나 슬퍼하지만 그것이 정말로 그럴 일인지도 알지 못하고 남들이 하는 대로 따라 한다.* 보통 우리는 진정으로 기쁘고 괴로워해야 할 일이 무엇인지 모르면서 남들이 괴로워하는 일을 괴로워하고, 다른 사람이 기뻐하는 일을 기뻐한다.

세인은 존재의 진리를 망각하고 살아가고 있으므로, 그의 삶은 인간 본연의 삶으로부터 낮은 수준으로 추락한 것이다. 그래서 하이데거는 세인의 삶을 전락(das Verfallen)이라고 한다(SuZ, 233). 인간은 두 종류의 삶을 살아간다. 하나는 존재의 진리를 망각하면서 살아가는 것이고, 다른 하나는 직관하면서 살아가는 것이다. 앞의 유형은 전락의 삶이며, 뒤의 유형을 실존의 삶이다. 인간은 전락의 방식으로 살 수도 있고, 실존의 방식으로 살 수도 있다. 예술 작품은 존재의 진리를 개현하여 인간이 실존의 방식으로 살도록 도와준다.

예술은 형상을 통하여 존재의 진리를 진술한다

인간은 어떻게 존재의 진리를 깨달아 실존할 수 있는가? 존재의 진리를 직관하는 데 세 가지 길이 있다. 첫째 종교, 둘째 철학과 과학, 셋째 예술이다. 우리는 이 세 가지 길을 통하여 존재의 진리를 바라본다. 이 셋의 차이는 존재의 진리를 진술하는 방식에 있다. 종교는 상징을 통하여, 철학과 과학은 논증을 통하여,

* "우리는 사람들이 즐거워하는 대로 즐거워한다; 우리는 사람들이 하는 대로 예술과 문학을 읽고 보고 판단한다."(Martin Heidegger, *Sein und Zeit*, GA 2, 169쪽. 이 책은 "SuZ"라고 인용한다.)

예술은 형상을 통하여 존재의 진리를 진술한다. 기독교의 빛, 이슬람교의 초승달은 진리의 상징이다. 종교는 이런 상징을 활용하여 진리를 진술한다. 과학의 논문은 가설을 세우고 그것을 입증하는 구조를 갖추고 있다. 반면 예술은 카라바지오의 그림처럼 형상을 창조하여 존재의 진리를 표출한다.

존재의 진리가 그냥 눈에 보이는 것은 아니다. 카라바지오의 그림을 보는 사람은 그림에서 묘사된 대로 누구나 비슷한 지각의 내용을 얻을 것이다. 예술 작품의 감상은 작품에 묘사되어 있는 형상을 지각하거나 이해하는 데에 그치지 않는다는 데에서 출발한다. 카라바지오의 그림에는 5명의 세리와 그들을 손짓하여 부르는 그리스도가 묘사되어 있다. 이것은 그림을 보는 사람이면 누구나 알 수 있다. 그런데 진정한 삶이란 돈을 벌고 출세하는 것이 아니라 신의 음성을 듣는 것이라는 존재의 진리는 형상에 묘사되어 있지 않다. 그 진리는 그림의 형상 위에 건립되고 있는 것이다. 그래서 형상을 보면서 존재의 진리를 구성하는 감상자만이 존재의 진리를 직관할 수 있다.

존재의 진리는 육신의 눈을 통하여 지각되는 것이 아니라 마음의 눈을 통하여 구성된다. 그래서 하이데거는 작품에서 진리가 일어난다(das Geschehen der Wahrheit)는 표현을 사용하는 것이다(Ursprung 21).* 작품에서 진리는 사건처럼 일어나지만 그림을 바

---

* 그림이 진리를 작품 속에서 표출한다는 것을 하이데거는 "작품 속에 진리가 자신을 정립한다"(das Sich-ins Werk-Setzen der Wahrheit des Seienden)라고도 한다(Ursprung 31). 여기서 진리는 주어이면서 동시에 목적어이다. 하이데거가 이러한

라보는 모든 사람이 진리를 직관하고 간직하는 것은 아니다. 회화 작품 운송업자에게 고흐의 신발 그림은 단지 무게가 나가는 사물일 뿐이다. 그는 그림에서 신발만을 볼 뿐 신발을 통하여 건립되는 존재의 진리는 놓쳐버린다. 작품 속에서 존재의 진리를 보기 위해서는 작품에서 일어나는 진리를 놓치지 말고 보호해야 한다. 하이데거가 작품의 감상이라는 말 대신 작품의 진리 보호라는 용어를 사용하는 것은 존재의 진리가 지각의 대상이 아니라 구성의 성과라는 점을 강조하기 위해서일 것이다.*

예술이 가치 있는 이유?

우리가 존재의 진리를 자주 망각하기 때문에 예술 작품이 필요한 것이다. 예술 작품이 가치 있는 이유는 존재의 진리가 우리에게 은폐되기 때문이다. 은폐되고 망각된 존재의 진리를 예술 작품은 다양한 방식으로 노정한다. 은폐된 진리를 드러내는 데에 예술 작품의 존재 이유가 있는 것이며, 예술 작품의 존재 이유

표현을 사용하는 이유는 진리라는 것이 원래 한 개인의 내부에 있다가 바깥으로 나와서 표현되는 주관의 내적 관념이 아니라는 점을 강조하기 위해서이다. 예술 작품에서 창조되는 진리는 예술가 개인의 산물이 아니다. 그래서 예술은 '예술가가 진리를 작품 속에 정립함'이라고 하지 않고 '진리가 자신을 작품 속에 정립함'이라고 말하는 것이다(Martin Heidegger, *Der Ursprung des Kunstwerkes*, 63-64. 이 책은 Ursprung으로 인용한다).

* "작품에서 일어나는 진리 속에 머무르는 활동이 비로소 작품을 작품이게 한다. 작품을 작품이게 하는 것을 우리는 작품의 보호(die Bewahrung des Werkes)라고 한다."(Ursprung 54)

는 곧 예술의 본질이다. 예술의 본질은 진리의 건설인 것이다.

예술은 창작과 감상의 두 영역으로 구성되어 있다. 창작은 작품의 형상 속에 존재의 진리를 건설하는 활동이고, 감상은 그 진리를 구성하여 직관하는 활동이다. 예술가가 작품에 진리를 건립하지 않았거나 서툴게 건설했다면 그것은 훌륭한 예술 작품이 아니다. 그리고 아무리 작품이 훌륭하더라도 감상자가 진리를 구성하여 직관할 수 없다면 예술품은 아직 완성되지 않는다. 예술가의 진리 건설과 감상자의 진리 직관이 성공을 거둘 때 예술 작품은 비로소 완성되는 것이다.

언어 예술과 비언어 예술

예술에는 여러 가지 종류가 있다. 그러나 진리 건설이라는 본질은 모든 예술이 공유한다. 차이는 매체에 있다. 모든 예술은 본질은 동일하지만 매체에 따라 서로 다른 방식으로 진리를 건설하는 것이다. 예술은 매체의 성격에 따라 크게 언어 예술과 비언어 예술로 나뉜다.

언어 예술은 개념을 활용하여 작품의 형상을 만든다. 시, 소설, 영화, 연극은 언어 예술이다. 언어 예술은 개념을 사용하기 때문에 구체성을 표현하기 힘들다. 고통에는 수많은 변종이 있지만, 고통이라는 개념은 고통의 경험에 포함되어 있는 개별성을 무시한다. 대신 고통의 개념은 일반적 의미를 전달할 수 있어서 사람들 사이에 의사 소통이 수월하다. 언어 예술 작품을 감상자가 수용하기 쉬운 이유는 여기에 있다.

비언어 예술은 언어를 사용하지 않고 시각적, 청각적 이미지를 통하여 작품의 형상을 창조한다. 무용 동작은 시각적 영상의 연결이다. 이미지는 개념처럼 의미가 사람들 사이에 확정되어 있지 않다. '희망'이라는 개념을 넣어 문장을 만들어 보내면 수신자는 문장을 쉽게 이해한다. 반면 한 동작의 의미는 사람에 따라 맥락에 따라 다른 의미로 이해될 수 있다. 두 팔을 위로 뻗어 올리면 그 이미지는 희망인지 절규인지 애매한 것이다. 그러나 영상이 개념보다 열등한 것은 아니다. 영상은 개념보다 구체성을 보존하고 있기 때문에 보다 생생한 의미를 전달할 수 있다.

영상의 의미는 애매하지만, 영상의 종류에 따라 애매성의 정도는 차이가 크다. 마임 배우의 연기처럼 무용의 동작이 현실의 사건을 묘사한다면 동작의 의미는 어느 정도 쉽게 전달된다. 밥을 먹거나 머리 감는 동작은 개념만큼은 아니지만 의미 이해에 별 어려움이 없다. 이런 동작은 사태의 전형적 특징을 본뜬 것이므로 전형적 동작이라고 부를 수 있다.

무용 작품이 전형적 동작을 많이 사용하면 마임이나 연극에 가깝게 된다. 발레 〈백조의 호수〉는 전형적 동작을 많이 사용한 연극적 무용이다. 1막의 마지막에 지그프리드 왕자가 우울해하는 장면, 4막의 후회하는 장면, 그리고 2막에서 지그프리드(Siegfried) 왕자와 오데트(Odette)가 사랑하는 장면은 일상생활에서 보통사람들이 수행하는 전형적 동작으로 이루어져 장면의 의미를 감상자가 쉽게 이해할 수 있다.

반면 추상적 대상은 전형적 동작으로 묘사할 수 없다. 그런 대상을 표현하려면 동작이 대상의 일부 특징을 모방하여 대상을 암시해야 한다. 이때 대상 자체와 동작 사이에는 크든 작든 간격이 생긴다. 대상과 동작 사이의 간격이 멀어질수록 동작은 대상을 묘사하지 않는 추상적 동작이 된다. 가장 정도가 심한 추상적 동작은 현실의 사물이나 사건을 전혀 지시하거나 암시하지 않는 순수 동작이다. 그런 완전 추상 동작으로 짜인 작품은 감상자가 의미를 이해하기 매우 어렵다.

커닝햄의 〈공간 속의 점〉*은 완전 추상 무용이다. 커닝햄은 의도적으로 동작이 현실의 사태를 지시하지 않도록 한다. 다시 말해 커닝햄의 안무는 동작이 특정한 사건이나 감정을 지시하지 않도록 한다. 〈공간 속의 점〉은 동작이 현실이나 감정을 전혀 지시하지 않기 때문에 이야기가 전혀 없다.

이런 작품은 감상자에게 무슨 가치가 있는가? 감상자는 무용수의 동작에서 신체의 아름다움을 느끼고, 동작의 연결에서 형식미를 지각할지도 모른다. 그러나 이런 것은 예술의 본질이 아니다. 무용 예술의 감상은 무용수의 몸매를 즐기는 것이 아니라, 작품에서 건설되는 진리를 구성하여 직관하는 것이다. 어떤 사람들은 〈공간 속의 점〉 같은 완전 추상 무용 작품이 관객에게 다양한 해석의 가능성을 열어준다고 한다. 그러나 이런 주장은 터무니없다. 무용수의 동작을 집중해서 보아도 관객은 아무 의미도

---

* Merce Cunningham, *Points in Space*, Merce Cunningham Dance Company, BBC Television Center in London, 1986.

모르는데 어떻게 관객이 나름대로 해석할 수 있겠는가? 완전 추상 무용 작품을 본다는 것은 전혀 모르는 외국어 연설을 듣는 것이나 마찬가지이다. 모르는 외국어는 그냥 소리에 불과하다.

무용이 예술이 되려면 동작 속에서 존재의 진리를 건설해야 한다. 그렇게 하려면 작품이 존재에 관해 무언가를 말하지 않으면 안 된다. 동작이 존재를 언급하는 길은 두 가지이다. 하나는 전형적 동작을 활용하여 이야기를 만들어가는 것이다. 그러나 전형적 동작을 많이 사용하면 할수록 작품은 무용에서 멀어져 연극이나 마임 쪽으로 간다. 무용의 독립성은 사실 순수 동작에 있다. 커닝햄이 순수 동작으로 작품을 만드는 이유는 순수동작을 활용하여 존재의 진리를 건립하여 무용을 연극과 다른 독립적 예술로 확립하기 위해서인 것이다. 순수 동작 자체는 현실적 사태나 감정을 지시하지 않지만 순수 동작이 특정한 방식으로 연결되면 존재의 진리를 암시할 수 있다. 예를 들어 아래로 하향하는 동작과 위로 상향하는 동작이 연결되면 그것이 기원을 의미할 수 있다. 빠른 동작과 느린 동작의 연결은 밤낮의 변화나 계절의 순환을 암시할 수 있다.

순수 동작도 존재의 진리를 건설할 수 있다

커닝햄의 〈루스 타임〉(Loose Time, 2002)은 〈공간 속의 점〉과

달리 존재의 진리를 순수 동작 속에 건립한다.* 〈공간 속의 점〉은 감상자에게 아무런 의미도 없는 몸짓에 불과하지만, 〈루스 타임〉은 인간 존재의 진실을 들추어내는 것이다.

〈루스 타임〉의 한 장면에서, 몇 명의 무용수들이 마치 조각상처럼 무대 위에 서 있고, 그 사이로 다른 무용수들이 억압적 동작(oppressive movement)으로 걸어간다. 억압적 동작이란 가기 싫지만 억지로 가는 발걸음처럼 서로 모순된 힘들로 혼합된 동작이다. 앞으로 내딛는 무용수의 다리 동작은 단순히 앞으로 가는 것이 아니라, 전진을 중단하고 거꾸로 돌아가려는 반대적 힘과 싸우고 있다. 그 스텝의 갈등 속에는 전진과 후퇴의 투쟁에서 지금은 전진이 승리하여 앞으로는 나아가고 있지만 그것은 일시적이며 언제나 상황을 바뀔 수 있다는 긴장과 불안이 들어 있다.

억압적 동작에서 감상자는 삶의 근본적 이중성을 기억해낼 수 있다. 인생은 모순적 의지로 가득 차 있다. 우리는 하지 않으려는 마음과 계속 싸우면서 무엇을 할 때가 많다. 무용수들이 매일 무용을 연습할 때도 연습하는 시간 내내 연습을 그만두고 친구들과 놀고 싶은 마음과 연습하고자 하는 마음이 싸우고 있다. 겉으로는 평온한 듯하지만 우리의 행동 밑바닥에는 이렇게 대립하는 힘의 저항이 도사리고 있다. 이러한 삶의 모순적 양상은 〈루스 타임〉의 억압적 동작과 비슷하여, 관객은 무용의 동작을 보며 삶의 진실을 직관할 수 있다. 커닝햄은 이 작품에서 삶의 구

---

* 〈머스 커닝햄 무용단 50주년 축하 공연〉, UCLA Royce Hall, 2003.

조와 유사하게 동작을 연결하여, 관객이 동작의 연결을 통하여 삶의 진실을 깨달을 수 있도록 하였다.

전형적 동작으로 짜인 발레 〈백조의 호수〉가 회화에서 구상화라면, 〈루스 타임〉은 추상화이다. 그래엄의 작품 〈엘 페니텐테(El Penitente)〉는 구상과 추상이 반쯤 섞인 반추상 작품이다.* 반추상 무용은 발레처럼 이야기가 분명하지는 않지만 이야기를 감상자가 엮을 수 있다. 이 작품은 고행을 하는 남자와 유혹하는 여자, 그리고 가면을 쓰고 위협하는 남자의 춤으로 구성되어 있어서, 죄를 씻기 위해 고행하던 남자가 빨간 사과를 든 여자의 유혹에 빠지고, 신의 심판을 두려워한다는 이야기로 읽어낼 수 있다. 이 세 사람은 동일한 영혼의 세 부분이다.** 영혼의 3요소는 이성과 욕망, 그리고 욕망의 유혹에 굴복한 후 이성이 갖는 죄책감이며, 죄책감은 구원을 갈망하는 신앙으로 이어진다. 감상자는 이 작품에서 죄인으로 살아가는 인간 존재의 숙명을 직관할 수 있다. 빨간 사과처럼 매혹적인 욕망의 유혹에 굴복하여 쾌락에 빠져 살아가면서도 죄의식에 시달리며 구원을 바라는 인간의 운명, 그런 인간 존재의 진리를 그 작품은 건설한다.

---

* Premiere: on Augest 11, 1940st Bennington College Theater, the Martha Graham Dance Company, Bennington, Vermont.

** 한 사람이 가지고 있는 여러 측면이 무용에서 서로 다른 사람의 춤으로 표현되는 일은 드물지 않다. 역시 그래엄의 작품 〈천사의 유희(*Diversion of Angels*)〉(Premiere: on August 13, 1948 at Palmer Auditorium, Connecticut College, New London, Connecticut)에서 한 여자의 사랑을 이루고 있는 세 가지 요소는 노란 옷, 흰옷, 그리고 빨간 옷을 입은 세 여자 무용수로 형상화된다.

무용 예술의 본질은 진리 건설과 직관이다. 예술가는 동작 속에 진리를 건립하고 감상자는 진리를 구성하여 직관한다. 무용의 매체는 인간의 동작이다. 전형적 동작은 감상자가 쉽게 의미를 이해할 수 있으나 전형적 동작이 많으면 작품은 무용의 독립성을 상실한다. 추상적 동작은 이해하기 어려우나, 그것을 활용하여 존재의 진리를 표출할 수 있다.

조선무용의 변화와 발전

미학은 예술철학을 줄여서 부르는 말이다. 예술철학에서 가장 중요한 과제는 좋은 예술과 나쁜 예술을 구분하는 객관적 기준을 찾는 작업이다. 좋은 예술에 대해 우리는 나름의 판단 기준을 가질 수 있다. 그런 것은 주관적 기준이다. 예술철학은 그런 개인적 기준이나 견해를 묻는 것이 아니라, 모든 사람이 동의할 수 있는 객관적 기준을 탐색한다.

조선무용이란 20세기 이후 외국에서 들어온 무용과 대립하는 개념이다. 조선무용은 전통사회에서 연행된 전통무용, 그리고 전통무용 스타일로 창작한 현대 조선무용이다. 당악정재와 같은 전통무용은 중국에서 들어왔다. 외국에서 수입된 무용이지만 오랜 세월 이 땅에서 연행되었기 때문에 우리의 전통을 구성한다. 반면 20세기 이후 외국에서 유입된 발레나 현대무용은 아직 전통무용이 아니다. 그러나 200년 후라면 조선무용에 포함될지도 모른다.

악(樂)은 무(舞)를 포함한다

19세기까지 무용은 독립된 장르가 아니었다. 전통사회에서 악(樂)은 성악, 기악, 시, 그리고 춤을 포괄하였다. 이런 사정은 서양에서도 발견할 수 있다. 고대 그리스의 무시케(mousike)는 음악, 시, 노래, 춤을 포함한다. 원래 무시케는 뮤즈(Muse) 신의 기술(technē of the Muses)이라는 의미인데, 영어 뮤직(music)은 무시케에서 유래한다. 무시케는 악과 어느 정도 개념이 겹친다. 『예기(禮記)』의 「악기(樂記)편」 1장은 악(樂)의 본질에 대해 다음과 같이 서술한다.

> 무릇 음(音)의 강세와 억양은 인간의 마음에서 발생하고, 마음의 변화는 외부 사물 때문에 생성된다. 그렇게 생성된 마음의 변화는 성(聲)으로 발화된다. 성이 서로 결합하여 변형이 생긴다. 그 변형이 구조를 이루면 이것을 음(音)이라고 한다. 음을 배열하고, 그것을 연주하며, 방패와 도끼를 들거나 새의 깃털을 기(旗)에 꽂고 춤을 추면 그것을 악(樂)이라고 한다.*

위의 인용문에서 악의 정의는 음악에서 시작한다. 인간의 심정이 외부의 사물과 만날 때 심정에 변화가 일어난다. '사물'이란

* 凡音之起，由人心生也。人心之動，物使之然也。感於物而動，故形於聲。聲相應，故生變；變成方，謂之音；比音而樂之，及干戚羽旄，謂之樂(禮記.樂記 1)。

취직과 같은 사건과 뱀과 같은 물체를 말한다. 사람들은 취직하면 기쁘고, 뱀을 보면 두려워 달아나려고 한다. 이렇게 마음은 외부의 사물 때문에 변화하고, 그 마음의 변화는 음성의 강약과 고저로 표출된다. 음성이 일정한 구조를 갖추면 그것이 음이다. 음을 배열하고 연주하면서 춤을 추면 그것이 악이다.

두 가지 춤이 언급되고 있다. 방패와 도끼를 들고 추는 춤은 무무(武舞)이며, 새의 깃털을 기(旗)에 꽂고 추는 춤은 문무(文舞)이다. 꼭 문무와 무무만을 추어야 하는 것은 아니다. 그것들은 춤을 대표하는 의미로 사용되고 있다. 요약하면 악이란 악사가 기악을 연주하고, 가수는 노래를 부르고, 무용수는 춤을 추는 가무악(歌舞樂)이다.

전통 미학은 예술이 정서에 미치는 영향을 고려한다

전통사회에서 무(舞)는 악의 구성요소이다. 그래서 무(舞)에 대한 미학적 물음은 악에 대한 미학적 물음에 포함되어 있다. 미학은 서양의 개념이지만 전통사회에서도 악에 대한 미학적 탐구는 있었다. 좋은 악이 무엇인지 알아야 어떤 악을 만들고 어떤 악을 버려야 할지 방향을 잡을 수 있기 때문에 미학적 탐구는 옛날부터 수행되어왔던 것이다.

미학의 물음은 크게 두 부류이다. 하나는 예술의 본질에 대한 탐구이며, 다른 하나는 예술이 인간에게 미치는 영향에 대한 탐구이다. 우리의 전통 미학은 예술 자체의 본질보다 예술이 인간의 정신, 특히 정서에 미치는 영향에 관심을 집중했다. 다시 말해 예술이 무엇이냐의 문제보다 어떤 예술이 좋은 것인지에 관심이 집중되었던 것이다. 여기서 좋다는 것은 인간의 정서에 유익하다는 의미이다.

예술의 영향에 대한 탐구는 고대 그리스에서도 볼 수 있다. 처음에 희랍인은 춤과 노래가 연행하는 사람 즉 댄서와 싱어 자신의 감정에만 작용을 가하고 영향을 준다고 생각했다. 나중에 피타고라스학파는 무용과 음악 예술이 관객과 청중에게도 동일한 효과를 준다는 점을 알았다.* 동작과 소리가 연행하는 사람의 감정을 표현할 뿐 아니라, 감상자에게도 특정한 감정을 불러일으킨다는 점을 피타고라스학파는 깨달았던 것이다. 좋은 음악과 춤은 인간의 정신을 향상시키고, 나쁜 예술은 부패하게 한다. 희랍인은 영혼의 인도(psychagogia)이라는 용어를 사용했다. 춤과 음악은 영혼을 인도하는 힘을 가지고 있다. 그들이 생각하기에 춤과 노래는 영혼을 좋은 상태로 인도할 수도 있고, 나쁜 상태로 인도할 수도 있다.

좋은 악(樂)은 왜 재미가 없는가? 약 2500년 전, 기원전 5세기, 위(魏)나라의 문후(文侯)는 유가(儒家) 학자 자하(子夏)에게 다음과 같이 묻는다.

내가 예복(禮服)과 예모(禮帽)를 쓰고 고악(古樂)을 들으면 잠

---

* Wladyslaw Tatarkiewicz, *History of Aesthetics 1. Ancient Aesthetics*, edited by J. Harrell, 1970, Mouton, 82쪽.

> 들어 버릴까 두렵지만, 정(鄭) 나라와 위(衛) 나라의 음악을 들으면 지루하지 않습니다. 고악(古樂)은 왜 졸리고, 신악(新樂)은 왜 지루하지 않은지, 그 차이를 묻고 싶소.*

고악 중 유명한 작품들은 육악(六樂)이다. 육악은 황제(黃帝)의 함지(咸池), 요(堯) 임금의 대장(大章), 순(舜) 임금의 대소(大韶), 하(夏)나라 우왕(禹王)의 대하(大夏), 은(殷)나라 탕왕(湯王)의 대호(大濩), 주(周)나라 무왕(武王)의 대무(大武)를 가리킨다. 황제의 함지는 요 임금이 수정하여 사용하여서 요 임금의 음악이라고도 한다. 옛날에는 악보나 무보가 없었고, 기록할 기술도 없어서, 이것들이 어떤 작품인지 알 수 없다. 그러니 작품을 본 사람의 감상을 통하여 작품의 성격에 대하여 짐작을 하는 정도이다. 논어에 공자가 순 임금의 대소를 관람하고 감탄했다는 구절이 나온다.

> 공자가 '제나라'에 들려 머물고 있을 때 대소악을 듣고 배웠다. 그는 대소악에 심취(心醉)하여 석 달 동안이나 고기 맛을 잊고 지냈다. 그리고 다음과 같이 말했다. '악이 이렇게 훌륭한 경지에까지 이르리라고는 생각조차 못했구나!'**

---

* 魏文侯問於子夏曰：「吾端冕而聽古樂，則唯恐臥；聽鄭衛之音，則不知倦。敢問：古樂之如彼何也？新樂之如此何也？」(禮記. 樂記 42)

** 子在齊聞韶 三月不知肉味 曰 不圖爲樂之至於斯也(論語. 7-13)

대소라는 작품은 노래와 음악, 그리고 춤이 함께 어우러진 가무악이다. 공자는 대소를 보고 석 달 동안 고기를 먹고 싶지 않을 정도로 감탄하였다. 그런데 아쉽게도 공자는 감상만 짤막하게 말하고, 작품에 대한 서술은 하지 않았다.

고악의 특징은 절도[中]와 조화[和]이다.* 예전에는 절도와 조화의 악을 좋다고 보았다. 그런 악을 감상하면 인간의 마음이 절도와 조화를 갖출 수 있기 때문이다. 절도와 조화의 악이 좋다고 옛날 사람들이 믿었고, 그래서 그런 악을 권장하고 만들었다. 고악이 절도와 조화의 특징을 지니게 된 것은 이런 연유이다.

위 나라의 문후는 이런 고악을 들으면 졸았다. 현대인도 궁중 정재 공연이나 클래식 음악 연주회에 가면 위 나라의 문후처럼 잠이 들까 걱정한다. 위 나라의 문후는 왜 고악을 들으면 졸리는데 신악을 들으면 지루할 틈이 없는지 궁금해서 위의 인용문처럼 자하에게 물었다.

자하는 고악은 전반적으로 조화롭고 바르므로[和正以廣] 졸릴 수 있고, 반면 신악(新樂)은 간성(奸聲)이 넘치고 쾌락에 빠져 있으므로 지루하지 않다고 답한다[奸聲以濫, 溺而不止](樂記, 42). 절도(節度)와 조화(調和)의 음악은 지루할 수 있다. 그런 음악에는 변화가 적어 평탄하거나, 내용이 고상하고, 속도가 느리기 때문이다. 절도와 조화를 파괴한 음악은 변화가 많고, 빠르고, 인

---

* 진양(陳暘), 『악서(樂書)』, 23-1.

간의 원초적 욕망에 호소하기 때문에 재미있다.

많은 사람에게 고악 즉 전통 무용이나 클래식 음악은 졸리고, 신악 즉 블랙핑크의 댄스나 대중가요는 즐겁다. 그렇다고 고악이 신악보다 나쁘다고 단정해서는 안 된다. 수학 시간 교사의 얘기는 지루하고 코미디 프로그램은 즐거울 것이지만, 코미디언의 말이 수학 교사의 강의보다 더 좋은 것은 아니다. 음악이나 무용도 사정은 마찬가지이다.

정악(正樂)은 좋은 악이다

조선시대에는 좋은 악을 정악이라고 불렀다. 정악은 속악(俗樂) 또는 음악(淫樂)과 대비되는 개념이다. 음악(淫樂)은 마음을 흥분하게 하는 질이 낮은 속악이다. 성종 당시 중국의 사신이 여악(女樂)을 거절한 적이 있다. 그 이유는 여자가 노래하고 춤추는 가무가 마음을 흔들어 놓을까 중국 사신이 두려워했기 때문이다.* 그에게 여악은 정악이 아니었다.

여악은 기녀(妓女)의 악이므로 기악(妓樂)이라고도 부른다. 기악(妓樂)은 남자의 마음을 흥분하게 만든다. 그런 이유에서 기악(妓樂)은 속악 즉 질이 낮은 악으로 규정되기도 했다. 특진관(特進官) 이세좌(李世佐)는 성종에게 연애 노래와 음란한 음악에

* "前此, 天使在道上, 却女樂者有之, 以非正樂也"이 앞서 중국 사신이 노상(路上)에서 여악(女樂)을 물리친 것은 정악(正樂)이 아니기 때문이었다.(성종실록 214권, 성종 19년 3월 3일 정묘 3번째 기사, 1488년 명 홍치(弘治) 1년)

관하여 다음과 같이 간청한다. 특진관은 왕의 경연(經筵)에 참여하여 왕을 자문하는 관리이다.

> 요사이의 음악(音樂)은 거의 남녀가 서로 좋아하는 가사[詞]를 쓰고 있는데 이는 곡연(曲宴)이나 관사(觀射)에 거동(擧動)하실 때는 써도 무방합니다만, 정전(正殿)에 임어(臨御)하시어 군신(群臣)을 대할 때 이 속된 말[俚語]을 쓰는 것이 사체(事體)에 어떠하겠습니까? (…) 지금의 기녀와 악공(樂工)들은 누적된 관습(慣習)에 젖어 있어 정악(正樂)을 버리고 음탕한 음악[淫樂]을 좋아하니, 심히 적당하지 못합니다. 일체의 속된 말들은, 청컨대 모두 연습치 말게 하소서.*

남녀가 서로 좋아하는 가사[詞]는 남녀상열지사(男女相悅之詞)이다. 곡연은 궁중(宮中)의 작은 연회이며, 관사는 임금이 신하들의 활쏘기를 구경하고 상(賞)을 주는 행사이다. 곡연이나 관사에서는 남녀상열지사의 노래를 불러도 되지만, 정전에서 국사를 돌볼 때는 그런 노래는 어울리지 않을 것이다. 특진관 이세좌(李世佐)는 기녀와 악공이 정악을 버리고 음란한 악을 자꾸 연습하는데, 속된 가사의 노래를 그들이 연습하지 못하도록 해달라고

---

* "方今音樂率用男女相悅之詞, 如曲宴、觀射, 行幸時, 則用之不妨, 御正殿、臨群臣時, 用此俚語, 於事體何如? ----- 今妓工狃於積習, 舍正樂而好淫樂, 甚爲未便。 一應俚語, 請皆勿習。"(성종실록 219권, 성종 19년 8월 13일 갑진 2번째 기사 1488년 명 홍치(弘治) 1년)

성종에게 건의한다.

정악(正樂)의 기준은 변한다

악을 음악에 한정한다면, 정악은 좋은 음악이다. 좋은 음악은 시대마다 변화한다. 조선정악전습소(朝鮮正樂傳習所)의 목적을 보면, 정악의 기준에 변화가 일어나고 있음을 발견한다. 조선정악전습소는 1911년 6월에 설립된 사립 음악 학교이다.

> 사람의 전진(前進)하는 용기(勇氣)를 고발(鼓發)하여 교제(交際)하는 심정(心情)을 통창(通暢)하게 함을 목적으로 한다.*

이제 정악이란 전진하는 용기를 격려하고, 세상과 교류하는 심정을 밝게 하는 음악이다. 이전에는 정악이 조화로운 음악, 절제하는 음악으로 규정되었다. 반면 조선정악전습소는 용기와 지성의 관점에서 정악을 이해한다. 신분제도가 철폐된 근대사회에서 인간은 각자 자신의 인생을 스스로 결정한다. 이제 잘 살아가려면 좋은 결정을 내리고 그것을 밀고 나가야 한다. 근대사회에서 인간에게 긴요한 덕목은 절제와 조화가 아니라 용기와 지혜이다. 근대사회에서 정악은 개인에게 용기를 북돋우고 지성을 밝게 하는 음악이다.

---

* 장사훈, 「한국 최초의 민간음악 교육기관」, 『민족문화연구』 통권 제8호, 1974, 1-33쪽.

무엇이 올바르고, 무엇이 좋은지는 상황에 따라 다르다. 전통사회에서는 조화와 절제가 정악의 특성이었다. 반면 20세기 현대인에게는 용기와 지혜의 음악이 정악이다. 정악의 의미는 여전히 좋은 음악으로 변하지 않았으나, 정악의 기준은 변화한 것이다. 만약 현대에도 조화와 절제를 정악의 기준으로 삼으면 그것은 시대착오이다. 옛날 농경사회에서 정악은 감정을 조절하고 마음을 화평하게 하는 음악이었다. 그러나 20세기 현대 한국인에게는 새로운 정신이 필요하다. 현대사회는 예전에 비해 경쟁이 더욱 치열하고, 미래는 더욱 불확실하다. 이제는 조화와 절제가 아니라 용기와 지혜가 더욱 필요한 것이다. 조선정악전습소가 지향하는 정악은 과거의 정악이 아니라 시대의 요구에 부응(副應)하는 새로운 정악이다. 정악의 개념과 기준에 대한 논의는 무용에 그대로 적용된다. 좋은 무용의 기준은 역사적 상황에 따라 변화한다.

정중동, 음양의 순환, 맺고 풀기의 교대

조선무용의 특성과 가치에 대한 논의는 대부분 애매하거나, 공허하거나, 과거에 머물러 있다. 조선무용의 특성을 규정하는 용어는 멋, 흥, 풍류, 정중동, 음양의 순환, 맺고 풀기의 교대 등이다. 그런데 멋, 흥, 풍류는 개념이 애매하다. 무엇이 멋이며, 흥, 풍류인가? 무용 작품을 해석하는 용어는 객관적으로 정의할 수 있어야 한다. 그러나 멋, 흥, 풍류는 작품에 적용할 수 없다.

반면, 정중동, 음양의 순환, 맺고 풀기의 교대라는 용어는 이해할 수 있다. 정중동이란 움직임과 멈춤이 명확하게 구분되지 않고 연속된다는 의미이며, 음양의 순환이란 솟구치고 내려앉거나 뻗고 당기는 동작이 서로 순환한다는 뜻이며, 맺고 풀기의 교대라는 것은 긴장과 이완의 교대를 가리킨다. 이 세 가지 용어는 동작의 특성을 지적하는 말이다. 조선무용에는 점프나 발차기, 구르기처럼 움직임과 멈춤이 확연히 구별되는 동작이 없다. 정중동은 이러한 조선무용의 특성을 잘 지적하는 말이다. 음양의 순환이나 풀기의 교대는 발레나 현대무용에도 나타나기는 하지만 조선무용에서처럼 엄격하게 요구되지는 않는다.

정중동, 음양의 순환, 맺고 풀기의 교대, 이 모두가 조선춤의 고유한 특성이다. 그런데 이것들은 왜 조선무용의 특징이 되었을까? 그 이유는 전통 미학에서 찾을 수 있다. 정중동, 음양의 순환, 맺고 풀기의 교대와 같은 조선무용의 특징은 좋은 예술에 대한 특정한 사고에서 유래한다. 전통사회에서 좋은 예술이란 절도와 조화를 갖추어야 한다. 그리고 이런 좋은 예술의 조건은 훌륭한 인간의 성품이 어떠해야 하는지의 가치관에 바탕을 둔다. 정중동, 음양의 순환, 맺고 풀기의 교대의 동작은 절도와 조화의 이념을 구현한다. 그래서 그것들이 전통 무용의 특징이 된 것이다.

조선무용의 특징은 전통 미학에 바탕을 두며, 전통 미학은 전통적 인간관에서 나왔다. 전통사회에서 이상적 인간은 감정에 흔들리지 않고 절제하며, 상이한 요소들 사이에서 한쪽에 치우지

지 않고 조화를 이루는 절제와 조화의 인간이다. 이런 이상적 인간을 형성하는 데 예술이 기여해야 한다는 미학적 요구에서 조선무용의 세 가지 특징이 형성된 것이다.

그런데 인간관이 바뀌면 어떻게 될까? 현대사회에서 이상적 인간의 유형은 전통사회와 차이를 보인다. 그래서 앞에서 지적한 것처럼 정악, 즉 좋은 예술의 기준이 변화하는 것이다. 인간의 이념이 바뀐다면 조선무용의 세 특성도 변할 수 있다. 그러나 변화에도 한계는 있어야 할 것이다. 만약 그 특징이 다 사라진다면, 그런 작품은 더 이상 조선무용이 아니게 될 것이다. 조선무용의 특징이 고정불변은 아니지만, 너무 많이 변하면 조선무용의 정체성을 상실하게 될 것이다.

"군자는 타인과 잘 어울리지만, 그들과 동화하지는 않는다."(君子和而不同)는 공자의 말처럼 화이부동(和而不同)하기는 어렵지만 그 자세를 유지해야 군자이다. 내가 남들과 교류하다 보면 그들을 닮아 자신의 정체성을 상실하기 쉽고, 고립되어 있으면 정체성을 지킬 수는 있으나 타인과 소통하지 못한다. 화이부동의 자세처럼 현대사회에서 조선무용은 변화하되 자신의 정체성을 지켜야 한다. 너무 엄격하게 전통을 고수하면 관객이 외면할 것이고, 원칙 없이 변화하면 조선무용 자체가 사라지게 될 것이다.

무용 작품이 고전 발레처럼 꼭 스토리가 있을 필요는 없다. 그렇다고 동작만 나열하는 것은 어떤 의미도 감상자에게 전달하지 못하며, 정서에 어떤 영향도 주지 못한다. 개별적 동작 자체는 의미가 애매하지만 동작들이 연결되어 일정한 구조를 갖추면 동작 자체가 의미를 생성한다. 이것이 무용 작품의 내용이 되는 것이다. 대개 조선무용은 서양의 현대무용처럼 스토리가 없다. 그러므로 조선무용은 동작의 연결을 체계적으로 수행하여 의미 있는 구조를 창조해야 한다.

2부

전국적 조선무용

승무

얇은 사(紗) 하이얀 고깔은
고이 접어서 나빌레라.

파르라니 깎은 머리
박사(薄紗) 고깔에 감추오고,

두 볼에 흐르는 빛이
정작으로 고와서 서러워라

빈 대(臺)에 황촉(黃燭)불이 말없이 녹는 밤에
오동잎 잎새마다 달이 지는데,

소매는 길어서 하늘은 넓고,
돌아설 듯 날아가며 사뿐히 접어올린 외씨버선이여,

조지훈(1920~1968)의 시 「승무(僧舞)」이다. 이 시는 한국인이라면 대부분 국어 시간에 배워서 알고 있다. 덕택에 우리나라 사람들이 가장 좋아하는 전통 무용은 승무이다.

승려는 '승무'를 추지 않는다

조지훈의 승무는 밤중에 산사의 마당에서 춤을 추는 아름다운 여승을 묘사한다. 이 광경은 실제의 사건이 아니라 시인이 상상으로 만들어낸 장면이다. 절에서 승려들이 추는 춤은 나비춤, 바라춤, 법고춤이다. 그런데 시인이 묘사하는 춤은 그런 일반적 승무가 아니라, 장삼 자락을 하늘로 날리며, 사뿐히 회전하는 새로운 승무이다. 이 승무는 승려가 추지 않았으며, 절에서 공연한 적도 없었다. 장삼 자락을 하늘로 뿌리는 승무는 20세기 초 권번에서 창작된 것이다. 필자는 이런 승무를 '권번 승무'라고 부를 것이다.

권번은 20세기 초의 설립된 기생 조합과 기생 양성 학원이다. 20세기 초 조선이 망하면서 중앙과 지방 정부에 소속된 기녀들이 민간으로 진출한다. 관기(官妓) 또는 여악이 민간의 기생이 된 것이다. 그들은 기생 조합을 결성하고 예술 활동을 펼친다. 그 기생의 사업 조직을 권번이라고 부른다. 권번은 기생을 교육하는 기능도 갖추게 되었다.

'승무'는 교방 정재(呈才)이다

전통사회에서 관아 소속 기녀를 관리하고 교육하던 중앙 정부의 관청은 장악원(掌樂院)이다. 지방 정부에서는 그런 기관을 교방(教坊)이라고 한다. 정현석(鄭顯奭, 1817~1899)은 1867년부터 1870년까지 진주목사(晉州牧使)를 지냈다. 그는 당시 진주교방(晉州教坊)에서 기녀들이 학습하고 연행한 가무를 기록하여 1872년에 출판했다. 그 책이 『교방가요(教坊歌謠)』이다. 그 책에는 가곡과 헌선도, 포구락, 검무, 승무 등이 기록되어 있다. 이것은 춤과 노래, 시가가 통합된 예술이므로 춤이라고 하지 않고 정재라고 부른다.

정재는 기녀가 관청에서 공연하던 노래와 춤을 모두 가리키는 말이다. 예전에는 정재가 대궐에서만 연행되는 줄 알았다. 그러나 지방 관청에서도 정재가 연행되었다. 지방 관청의 정재를 교방 정재라고 부른다. 진주 교방의 정재 중에 승무, 즉 중춤이 들어 있다. 이것은 승려가 색시를 유혹하며 풍류랑과 대결하는 무극(舞劇)이다. 교방 정재를 연행할 때 춤은 모두 여자가 추어서, 승려와 풍류랑도 남자 분장을 한 기녀이다. 이 승무를 필자는 '권번 승무'와 구별하여 '교방 승무'라고 부를 것이다. 교방 승무는 지방 관청에서만 연행되었을 뿐 궁중에서 연행하는 궁중 정재의 종목에는 포함되지 않았다. 아마 내용이 너무 세속적이라서 임금 앞에서는 연행되지 않았던 듯하다.

교방 승무는 한량무와 권번 승무로 해체된다

교방 승무는 관아 소속 기녀가 권번으로 들어가면서 권번 기생이 연행하는 종목이 된다. 이때 승무에 다음과 같은 변화가 일어난다고 필자는 추측한다. 교방 승무는 여러 명이 등장하는 극무용이지만, 극장이나 요리점 같은 무대에 맞추기 위해 혼자 추는 춤으로 바뀐다. 교방 승무의 주인공은 승려와 풍류랑이다. 교방 승무에서 풍류랑의 춤을 떼어내어 권번에서는 그것을 한량무라고 부른다. 그리고 승려의 춤을 떼어내는데, 그것은 중춤이므로 원래 이름대로 승무라고 부른다. 승무가 홀춤이 되면서 내용도 변화한다. 교방 승무에서 승려가 색시를 유혹하던 내용이 사라지고, 승려의 구도 생활이 주제가 된다. 권번 승무에는 원래 교방 승무에 없던 새로운 요소가 추가된다. 그것은 북을 치는 북놀음이다. 승려가 장삼을 입고 추는 장삼춤과 북춤이 결합하여 새로운 승무가 탄생한다. 이런 형태의 승무가 오늘날 우리가 무대에서 구경하는 현대 승무의 뿌리이다.

사람들은 승무가 국가문화재로 지정되어 있으니 현재 홀춤 형태의 승무가 전통사회에서 연행되었던 종목이라고 믿는다. 그러나 독무 형태의 한량무와 승무는 전통사회에서 연행한 기록이 없다. 19세기까지는 한량무라는 말 자체도 없었고, 승무는 있지만 독무가 아니라 극무용이다. 독무 승무와 한량무는 20세기에 권번에서 창작되었을 것이다. 창작 과정은 아무도 모르지만, 그 과정을 필자는 위에서 서술한 것처럼 추측한다.

1910년 전후의 승무는 교방 승무이다

20세기 초 민간에 오늘날처럼 무대가 설치된 사립극장이 생겼다. 이제 신분과 상관없이 입장료를 내면 누구나 공연을 관람하는 극장문화가 시작되었다. 이러한 근대식 극장에서 승무가 공연된 최초의 기록은 1907년 12월 24일자 〈대한매일신보〉 기사에서 나온다.* 기생 100여 명이 경성고아원의 경비를 찬조하기 위하여 자선 공연을 여는데, 공연 종목은 승무, 검무, 가인전목단, 선유락 등이다. 이 중 승무는 교방 정재인 극무용 형태라고 필자는 확신한다. 그 이유는 서울의 기생들은 교방 정재인 승무를 알고 있었을 것이며, 그들이 장악원을 나온 지 얼마 되지 않아 아직 교방 정재 승무로부터 새로운 독무 형태의 승무를 만들 시간적 여유가 없다고 보기 때문이다. 교방 승무는 궁중 정재의 종목은 아니다. 그러나 지방의 기녀와 중앙의 기녀들은 교류가 있었다. 궁중에서 큰 행사가 있어 서울의 기녀만으로는 모자랄 때 지방에서 우수한 기생을 뽑아서 서울로 불러 올렸다. 서울 기생을 경기(京妓), 지방 기생을 향기(鄉妓)라고 부르는데, 이때 경기와 향기는 서로에게 기예를 배운다. 이렇게 지방과 서울의 기생들이 교류하면서 교방 정재 승무를 서울의 기녀들도 배워서 출 수 있었을 것이다.

---

* 위송이, 「한성준 승무 연구-김천흥본, 이주환본을 중심으로」, 단국대학교 대학원 박사논문, 2019.

성진무는 권번 승무와 비슷하다

1908년 사립극장 광무대에서도 승무가 공연되었다. 광무대는 새롭게 창작한 춤들을 무대에 많이 올렸는데, 그중 성진무가 있었다. 성진무와 승무가 공연 목록에 함께 포함되어 있었던 것이다. 1912년, 1914년의 신문 기사를 보면 성진무과 승무는 별개의 춤으로 공연되었다고 적혀 있다.* 성진무가 어떤 춤인지 김정연(金正淵, 1913~1987)은 기억하고 있다. 성진은 김만중의 소설 『구운몽』의 주인공이다.

> 장막이 열리면 성진은 잠을 자다가 꿈 속에서 일어나는 모양을 하며 염불 장단에 맞추어 홍겹게 춤을 춘다. 그 다음 도드리 장단에서는 속세를 그리워하는 모습을 묘사한다. 다음 타령 장단에는 홍청거리기 시작하고, 굿거리장단에서는 활발하게 춤을 춘다. 북치기에서는 모든 잡념을 잊어버리려고 노력한다. 다음 살풀이 장단에서는 어디선가 들려오는 종소리에 놀라고, 헛된 마음을 먹었던 죄를 뉘우치며 참회하고 꿇어 앉는다. 마지막에 성진은 다시 잠드는 모습으로 막을 내린다.**

---

* 이정노·이주희, 「김정연의 춤 활동에 관한 무용사적 의의-『한국무용도감』을 중심으로」, 『공연문화연구』 제33집, 한국공연문화학회, 2016, 317쪽

** 위송이, 앞의 글, 11쪽.

성진무는 홀춤이며 장단 구성은 현대 승무와 비슷하다. 차이는 스토리에 있다. 성진무는 장단별로 스토리를 전개하는 반면, 현대의 이매방류 승무에는 스토리가 없다. 성진무와 함께 공연되는 승무는 교방 승무 형태의 극무용일 것이다. 실제로 이날 두 종류의 승무가 공연된 것이다. 승무는 여전히 극무용이며, 성진무는 현대 승무와 상당이 비슷하다. 성진무라는 명칭은 1918년부터 기록에서 사라지기 시작한다.* 아마 무용극 형태의 승무가 권번에서 사라지면서 성진무가 승무라는 이름을 차지했을 것이라고 필자는 추리한다.

초기 권번 승무에는 서사가 있다

권번에서 계발된 새로운 승무는 교방 계열의 승무와 달리 독무이지만 서사는 가지고 있었다. 성진무가 바로 그런 서사 독무 형태의 승무이다. 새로운 승무를 한성준(韓成俊, 1875-1941)은 무대 공연 작품으로 발전시킨다. 그는 〈조선무용연구소〉를 개설하여 1935년 첫 작품 발표회에서 승무를 무대에 올린다. 이 승무는 성진무의 장삼 놀음에 북 놀음이 추가된 구성이며, 서사를 가지고 있다. 그때 연출을 맡은 신불출은 황진이가 지족선사를 파계시키기 위해 유혹하는 춤을 추는 장면부터 승무가 시작하였다고 작품을 해설하였으며, 실제로 작품은 승려가 인생의 진

---

* 이정노·이주희, 앞의 글, 318쪽.

리를 탐구하다가 장삼과 고깔을 벗어 던지고 세속의 삶으로 돌아가는 스토리를 동작으로 전개했다. 그런 승무의 스토리 때문에 한성준은 곤욕을 겪었다. 한성준의 승무가 불교계를 모독하였으므로 공연을 중단시켜달라는 민원이 감독관청에 접수되어 승무는 더 이상 공연을 할 수 없게 되었던 것이다. 만약 한성준의 승무가 이매방의 승무처럼 서사가 없었다면 불교계를 모욕했다는 항의를 받지 않았을 것이다. 한성준은 공연을 계속하기 위해, 승무에서 장삼과 고깔을 벗어 던지는 부분과 북 놀음을 삭제하고, 북춤 대신 바라춤을 넣었다.* 한성준의 공연에서 바라춤, 바라무, 노승무라는 이름이 나오는데 그것은 초연 때의 승무를 변형한 작품이다.

장홍심(張紅心, 1914~1994)은 한성준의 바라춤을 계승하였다. 그녀는 열두 살에 함흥 권번에 들어가 가무를 익혔고, 스물한 살 때 서울로 와 한성준에게 춤을 배웠으며, 1937년 공연에서 검무, 살풀이춤, 태평무, 바라춤 등을 추었다.** 해방 직전 고향으로 돌아간 장홍심은 함흥을 방문한 최승희와 만났다. 장홍심은 최승희 무용단에 합류하여 동구권 진출을 위해 총연습까지 마쳤으나 개인 사정으로 포기하고 귀향했다.*** 장홍심은 38세인 1951년 1·4 후퇴 때 부산으로 월남했다. 그녀는 1967년 서울로 올라갈 때까

---

* 위송이, 앞의 글, 29-30쪽.

** 백현순, 「장홍심 바라승무의 춤사위 분석」, 『한국무용연구』 38권 4호, 한국무용연구학회, 2020, 49-70쪽.

*** 성기숙, "명문 장홍심 회고", 〈서울문화투데이〉, 2020.10.30.

지 부산에서 활동했다. 1984년 장홍심은 71세의 나이로 바라승무와 검무를 공연했다. 바라승무는 그녀가 한성준에게서 배운 바라춤이다.

승무에서 서사가 제거되다

한성준의 승무가 불교 신도들로부터 항의를 받아 당국으로부터 공연이 금지된 이유는 서사의 내용 때문이다. 승려가 장삼과 고깔을 벗는 장면의 의미는 절간의 수도 생활에서 인생의 진리를 찾을 수 없다는 점을 인식하고 세속의 삶 속으로 돌아간다는 결단이다. 한성준은 당국의 검열을 피하기 위해 문제의 장면과 북 놀음을 삭제하였다. 북 놀음을 삭제하고 바라춤으로 바꾼 이유는 무엇일까? 북 놀음의 의미 때문이다. 북을 침으로써 승려는 여러 가지 감정과 욕망을 표현하면서 그것의 존재 가치를 되새긴다. 북 놀음의 의미는 번뇌를 끊어버리는 것이 아니라 번뇌의 불가피성을 인정하는 것이다. 싯다르타는 우리에게 욕망을 버리라고 권유하지 않았다. 대신 그는 우리가 욕망의 대상에 얽매여 소중한 가치를 버리지 말라고 가르쳤다. 북 놀음은 이 점을 깨닫는 과정을 표현한다. 그러나 북 놀음이 불교의 수행 방식을 부정하는 것처럼 보일 수도 있기 때문에, 한성준은 그것을 삭제하고 불교 의식에서 쓰이는 바라춤으로 바꾸었다. 만약 북 놀음이 번뇌를 끊는다는 점을 상징한다면 북 놀음 장면이 불교계와 마찰을 빚을 이유가 없다. 북 놀음의 상징적 의미가 불교의 교리와 어긋나기 때문에 한성준은 북 놀음을 삭제한 것이다.

장삼과 고깔을 벗는 부분과 북 놀음을 삭제함으로써 일제의 검열을 피할 수 있었지만, 그 대가로 승무의 서사도 사라졌다. 그리하여 서사가 없고 장단만 있는 비서사 독무 형태의 승무가 생겨나게 된 것이다. 한성준에게서 춤을 배운 한영숙, 김천흥, 이주환의 승무는 장삼춤과 북춤으로 구성을 갖추고 있으나, 서사는 없다. 이매방의 승무도 장삼춤과 북춤으로 구성된 비서사 독무 형태의 승무이다.

한영숙(韓英淑, 1920~1989)은 한성준의 손녀이다. 그녀는 1920년 충남 천안에서 태어나, 한성준을 따라 서울로 올라와 13세부터 한성준에게 승무, 살풀이, 태평무, 학춤을 배웠다. 1969년 승무가 국가무형문화재 제27호로 지정되자 한영숙은 예능 보유자가 되었다.

김천흥(1909~2007)은 1936년에 한성준으로부터 승무를 배웠다. 김천흥은 1985년과 1992년, 1993년 공연에서 승무를 직접 추었다. 김천흥의 승무는 한영숙의 승무와 비슷하다. 무대에 북이 있지 않고, 북을 칠 때마다 여성 2명이 북을 들고 들어오고 나가는 것만 차이가 있다. 이것은 북틀이 생기기 전 승무를 출 때 활용하던 방법이었다.

이주환(1909~1972)은 1939년 한성준으로부터 승무를 배웠다. 이때 승무의 무보를 작성했다. 한성준 승무의 무보는 이것이 유일하다. 그 「승무보」가 1998년 국립국악원 이주환실에서 발견되었다.[*] 이것을 이홍구가 해독하여 2005년 이주환 승무가 공연되었다. 그 춤은 동작과 구성이 한영숙이나 김천흥의 승무와 비슷하다.

이매방(李梅芳, 1927~2015)은 1987년 승무의 보유자로 인정되었다. 그 이유는 이매방의 승무가 호남 예술의 특징을 간직하여 한성준의 경기류 승무와 다르기 때문이라는 것이다. 필자는 이 이유에 동의하지 않는다. 승무에는 호남류과 경기류의 차이가 없다. 이매방의 승무도 한성준의 승무처럼 장삼춤과 북춤으로 구성된 비서사 독무 형태이다. 두 유파는 장단, 동작, 구조가 매우 비슷하며, 북 놀음마저도 유사하다. 이매방이 한성중의 승무를 보고 모방하지 않았다면 어떻게 그렇게 같을 수가 있을까?

서사 승무가 감동을 준다

이야기가 있는 승무와 이야기 없는 승무, 어떤 것이 예술성이 높을까? 이것은 쉽게 답할 수 없다. 그런데 필자는 서사 승무가 비서사 승무보다 관객에게 더욱 감동을 줄 수 있다고 생각한다. 1972년 한영숙의 승무와 1996년 이매방의 승무는 20분이 넘는다. 필자에게는 두 춤 모두 아무런 줄거리도 없이 유사한 동작이 반복되어 지루하기만 하다.

승무에 스토리가 있다면 감상이 수월할 것이다. 작품 전체나

* 이주환 승무보의 해설은 위송이의 논문 130~302쪽에 실려 있다.

각 장단에 이야기가 있다면 무용수가 동작을 취할 때 어떤 느낌으로 추어야 할지 지향점이 있을 것이다. 관객도 그 의미를 이해하여 작품에서 일어나는 존재의 진리를 직관할 수 있을 것이다. 권번 승무는 원래 서사가 있는 춤이었지만 당국의 검열을 피하기 위해 서사를 삭제하였다. 그러나 지금은 당국의 검열이 없다. 그러니 일부러 서사를 삭제하여 작품을 의미 없는 동작의 나열로 만들 필요가 없다.

이야기가 있는 승무도 많다

학산(鶴山) 김덕명(金德明, 1924~2015)은 양산 권번에서 승무를 배웠다. 그의 승무에는 초기 '권번 승무'처럼 서사가 있다.[1] 상좌승과 스승이 갈등하여 스승은 죽고, 상좌승은 뉘우치면서 수련하다가 절을 떠난다. 작품 마지막에 승려는 장삼과 고깔을 벗어 북에 걸어놓고 작별 인사를 한다. 이 장면은 한성준의 승무 초연에서 승려가 옷과 고깔을 벗어버리는 장면과 같다.

김복련류 승무는 경기도 무형문화재 제8호로 지정되어 있다.[2] 이 춤에도 서사가 있다. 깊은 산사에 스승을 모시던 동자승이 주인공이다. "스승이 병환을 얻어 말을 못하게 되자 동자승은 온갖 정성을 다 들이게 되지만 백약이 무효했다. 그러던 중 백일기도를 했는데 꿈에서 어디선가 음악소리가 들리면서 도승이 내려와 북을 치면서 승무를 추었다. 이어 동자승에게 이렇게 춤을 춰보고 스승의 병환이 낫게 되면 절을 떠나라며 홀연히 사라

김복련류 승무

졌다고 한다. 동자승은 도승의 말대로 춤을 추었고, 스승의 병이 씻은 듯이 낫게 되자 하직 인사를 드리고 그 절을 떠났다."* 작품의 마지막에 승려는 장삼과 고깔을 북에 걸어놓고 큰절로 작별 인사를 한다. 이 춤은 스토리가 있어 관객이 의미를 음미하며 춤을 수월하게 감상할 수 있다.

* 이진석, "춤 한판에 인생을 걸다", 수원문화재단 웹진 〈인인화락〉

심화영(沈嬅英, 1913~2009)류 승무는 2000년 충남 무형문화재 제27호로 지정되었다. 이 승무 역시 초기 승무인 성진무처럼 장단마다 서사가 있다. 염불장단은 승려가 되기 전에 참선을 하며 수행하는 내용이고, 자진염불장단은 스님이 되어서 기뻐하는 내용이며, 타령장단은 수련하는 내용이고, 자진타령장단은 승려가 바깥세상의 유혹을 받는 내용이며, 굿거리장단은 승려가 속세로 들어간다는 내용이다.* 이 춤은 심화영의 외손녀 이애리가 계승하고 있다.[3] 심화영류 승무는 서서 합장을 하며 시작하고 마친다.

현재의 승무는 뿌리가 20세기 초의 권번 승무이다. 이것은 교방 승무에서 승려의 춤을 떼어내고 거기에 북 놀음을 합한 것이다. 초기의 권번 승무에는 서사가 있었다. 반면, 이매방류와 한영숙류 승무는 서사가 없다. 이야기가 없는 승무는 동작의 연결이 의미 있는 구조를 만들지 못하면 관객에게 지루하게 느껴진다. 반면 김덕명, 김백련, 심화영의 승무에는 초기 승무처럼 스토리가 있다. 그런 작품은 관객이 동작 구성을 이해하고 그 속에서 나름대로 존재의 진리를 직관하기 쉽다.

* "심화영류 승무", 〈한국향토문화전자대전〉

살풀이춤

살풀이춤은 1990년 중요 국가무형문화재 제97호로 지정되었다. 국가문화재이니 살풀이춤은 예술성이 높은 전통무용이라고 사람들은 생각한다. 많은 무용 교사들도 그렇게 믿고 가르친다. 그러나 이 춤은 20세기 초까지 이름이 없었다. 살풀이춤이란 명칭은 1910년 이전까지 어떤 문헌에도 기록되어 있지 않은 것이다.

김영희의 연구에 따르면 '살푸리춤'이라는 이름은 1918년에 발간된 『조선 미인보감』에서 처음 등장한다.* 이 책은 조선 전도(全道) 기생 611명의 사진과 기예(技藝), 이력을 수록하고 있다. 그중 19세 김옥래와 13세 리명화의 기예에 '남중속무(南中俗舞, 살푸리춤)'가 포함되어 있다. 김옥래의 고향은 전남 함평군이고, 리명화의 고향은 경성인데, 두 사람이 거주하는 서울의 주소는 같다. 그래서 김영희는 김옥래가 호남에서 배운 살푸리춤을 리명화

* 김영희, 『개화기 대중 예술의 꽃, 기생』, 민속원, 2006, 138-139쪽

에게 가르쳐준 것으로 이해한다. '남중(南中)'이 호남 지방만은 아니고 서울에서 볼 때 남쪽 지방일 것이다. 속무는 관아의 춤이 아니라 여항의 춤이라는 의미이니, '남중속무(南中俗舞, 살푸리춤)'란 말에서 살풀이춤이 꼭 호남이 아니라 남부지방의 민간 무용이라고 추리하는 것이 그럴듯하다.

'살풀이춤'이라는 명칭의 춤이 처음 공연된 것은 1938년 한성준 조선음악무용연구회의 발표 무대이다.* 한성준은 충남 홍성군 출신이며, 판소리 명고수이자 명무(名舞)이다. 그는 전국의 전통 무용을 모으고 그것을 바탕으로 1930년대부터 40여 종의 춤을 창작하였다. 여기에는 살풀이춤을 비롯하여 승무, 태평무, 학무, 검무 등이 포함되어 있다. 지금 문화재로 지정된 전통무용은 사실상 한성준의 창작품이다. 살풀이춤은 국가무형문화재 제97호, 승무는 국가무형문화재 제27호, 나중에 학연화대합설무(鶴蓮花臺合設舞)로 이름이 바뀐 학무가 국가무형문화재 제40호, 태평무는 국가무형문화재 제92호로 지정되어 있다. 사람들은 살풀이춤이나 승무, 태평무가 오래전부터 있었던 것으로 생각하기 쉬운데 사실은 그렇지 않다. 이것들은 1930년대에 탄생한 것이다.

예술에서 어떤 창작이든 무에서 유를 만들어내는 창조는 없다. 한성준의 경우도 마찬가지이다. 그는 7세 때부터 고향에서

---

* 김연정, 「한성준춤 다시보기-시대인식과 춤인식을 바탕으로」, 『무용역사기록학』 제44호, 무용역사기록학회, 2017, 178쪽.

춤과 북을 배우기 시작했고, 28세부터 전국을 유랑하며 각 지역의 향토적 예술을 배웠다. 그것을 바탕으로 작품을 창작하였으니, 한성준의 창작은 말 그대로 전통의 창조적 계승이다. 그러나 한성준의 춤은 전통이 아니다. 그것은 1910년 이전의 전통 사회에서 연행된 것이 아니기 때문이다.

사물놀이도 국악에서 전통을 창조적으로 계승한 전형이다. 사물놀이는 오래전부터 있었던 것이 아니라 1978년에 생겼다. 사물놀이는 농민들이 하던 풍물에서 유래했다. 풍물패는 '앞치배'와 '뒤치배' 등 두 부분으로 나뉘어 있다. 앞치배란 꽹과리, 소고, 장구, 북 등과 같은 악기를 연주하는 사람을 말하고, 뒤치배는 양반이나 각설이 등의 복장을 하고 춤을 추는 사람을 말한다. 사물놀이는 앞치배에서 4개의 악기, 꽹과리, 장구, 북, 징을 빼서 연주하는 형식을 가리킨다. 원래 사물놀이는 사물놀이를 하는 김덕수 단체의 고유명사였는데, 지금은 사물놀이 형식을 의미하게 되었다.

살풀이춤은 살풀이가 아니다

사람들은 살풀이춤의 이름 때문에 이 춤의 성격이 살을 풀고 액을 예방하는 굿의 의식과 관련이 있을 것이라고 추측한다. 지금도 많은 무용수들은 이 춤을 그렇게 해석하며 연행하고 있다. 그러나 현재의 살풀이춤에 사용되는 장단은 무속의 살풀이장단이 아니라, 굿거리장단이다. 무용가들 중 이 점을 알고 있는 사람은 드물다.

살풀이장단은 무가(巫歌)에 쓰이는 장단이다. 살풀이장단은 지역마다 조금씩 이름이 다른데, 경기도 남부 무가에 쓰이는 도살풀이, 충청북도와 전라북도의 살풀이, 전라남도의 동살풀이(안당)는 모두 살풀이라는 말이 이름에 들어 있다. 이 살풀이장단은 모두 2소박 구조이다. 경기도의 도살풀이는 2소박 6박이며, 장구의 구음은 "덩따, 닥닥, 땅닥, 닥닥, 덩따, 다르라닥"이라 적을 수 있다.* 원광디지털대학의 김동원 교수에 따르면, 호남의 살풀이와 동살풀이 장단도 2소박 전체 6박의 구조이다. 진도 씻김굿에서 사용하는 살풀이장단의 장구 구음은 "덩다다 닥다다 닥닥 다다다닥 닥닥 쿵딱"으로 적을 수 있다.

원래 살풀이라는 이름이 붙어 있는 장단은 기본적으로 2소박 6박 구조로 되어 있고, 대단히 즉흥성이 강하다. 호남 지역의 살풀이장단에 얹어놓고 아주 즉흥적으로 추던 춤은 살풀이춤이라고는 부르지 않았지만 씻김굿판에 있었다. 살풀이장단이 나오면 무당은 즉흥적 음악에 맞추어 춤을 추고 즉흥적 가사로 노래를 불렀다. 살풀이장단에 맞추어 추는 살풀이춤은, 살풀이춤이라고 불리지는 않았지만 전통사회에서 연행되고 있었던 것이다. 현재의 살풀이춤은 여기에서 나왔다. 그런데 경쾌한 6박 구조로는 정중동의 느낌이 잘 살지 않아서 느린 굿거리장단을 춤에 붙였다. 살풀이춤의 장단이 살풀이장단에서 굿거리장단으로 바뀐

---

* 이보형, 「살푸리와 도살무리와 동살푸리의 비교」, 『민족음악학 2』, 서울대학교 동양음악연구소, 1980, 41쪽.

것이다. 이 때문에 춤의 성격이 완전히 달라졌다.

원래 살풀이는 2소박 6박이니 전체 박자는 2 × 6 = 12박자(拍子)이다. 반면 굿거리장단은 3소박 4박 구조이니, 전체 박자는 3 × 4 = 12박자이다. 굿거리장단은 헤아리면 "하나둘셋. 두울둘셋. 세엣둘셋. 네엣둘셋."의 느낌이 난다. 살풀이장단과 굿거리장단은 전체 박자가 12박으로 같다. 두 장단의 차이는 소박(小拍)에 있다. 소박은 한 박자를 이루는 작은 박이다. 살풀이장단은 한 박자를 구성하는 소박이 2개이며, 굿거리장단은 한 박자를 구성하는 소박이 3개이다. 전체 박자는 12개인데 살풀이장단은 소박이 2이므로 6박이며, 굿거리장단은 소박이 3개라서 4박 구조이다. 굿거리장단에 맞추어 춤을 추면 살풀이장단에 맞추어 춤을 출 때보다 박자는 6박에서 4박으로 줄어 정중동의 느낌을 살리기 좋고, 소박은 2개에서 3개로 늘어나서 동작에 여백을 두기가 편리하다. 살풀이장단은 6박 구조라서 경쾌한 느낌의 춤을 추는 데는 좋다. 반면 굿거리장단은 정중동을 살려 정서의 변화를 표현하기 쉽고, 여백을 통하여 감정의 절제를 장단에 싣기가 수월하다.

살풀이장단에 얹어 추는 원래 살풀이춤은 무속에서 유래한 것이다. 그러나 굿거리장단으로 바뀐 지금의 살풀이춤은 무속과 전혀 연관이 없다는 것이 김천흥의 견해이다.* 이매방 역시 살풀이춤은 즉흥무이며 무속과는 관계가 없다고 진술한다.**

---

* 송미숙, 「류파별 살풀이춤을 통해 본 한국춤의 미」, 『한국무용사학』 제12호, 한국무용사학회, 133-134쪽.

** 송미숙·최태선, 「미적 관점에서 본 살풀이춤과 즉흥무의 비교 연구」, 『움직임의 철

살풀이춤이 살을 푼다는 상식은 살풀이춤이 진도 씻김굿에서 유래했다는 1979년 최종민 교수의 주장에서 촉발되었다. 최 교수의 주장은 반은 맞고 반은 틀렸다. 1918년 기생 김옥래와 리명화가 추던 살풀이춤은 진도 씻김굿의 굿춤에서 나왔을지도 모른다. 그러나 그 후 살풀이춤은 살풀이장단에서 굿거리장단으로 바뀌었다. 그러므로 현대의 살풀이춤이 진도 씻김굿에 유래한다고 할 수 없는 것이다.

어떤 무용학자들은 살풀이춤의 반주 음악이 '살풀이 음악'은 맞지만 '살을 푸는' 무속행위와는 무관하다고 주장한다.* 그러나 이 주장도 정확하지 않다. 현재 살풀이춤의 장단은 살풀이장단이 아니다. 살풀이춤의 장단은 굿거리장단과 자진모리장단이다. 자진모리는 굿거리보다 빠르지만, 3소박 4박의 전체 12박자 구조는 동일하다.

살풀이춤은 한의 춤인가?

살풀이장단은 경쾌한 장단이라 흥겨운 정서를 표현하는 데 적절하다. 그런데 살풀이춤의 장단이 굿거리로 바뀌면서 춤의 정서도 바뀌어 한의 정서를 장단에 얹기가 수월하게 되었다. 살풀이 장단이 살을 푸는 장단이라서 한의 춤인 것이 아니라, 굿거리

학』 제14권 2호, 한국체육철학회, 2006, 233쪽.

* 이정노, 「전통춤 담론으로서 살풀이춤 무속파생설 형성에 관한 연구」, 『한국민속학』 제70권, 한국민속학회, 2019, 42쪽.

장단으로 바뀌면서 한의 정서를 담을 수 있게 된 것이다.

살풀이춤을 기녀들처럼 신분이 낮은 사람들이 추었기 때문에 그들의 한이 춤에 스며들었을 것이라고 추측하기도 한다.* 이러한 추리는 근거가 약하다. 일제시대의 일간지 〈매일신보〉는 1914년 1월부터 6월까지 당시의 예술인 100명을 '예단일백인(藝壇一白人)'이라는 제목으로 연재했다. 여기에 92명의 기생이 소개되었으니, 당시 예술인은 거의 다 기생인 것이다. 기사에 기생생활에 대해 어떻게 생각하느냐에 대한 질문에 기생들은 대개 그럭저럭 지낸다는 식으로 답하고 있다. 평양 출신 명옥은 이렇게 말한다. "기생노릇이 좋으냐 말씀이오니까? 좋기야 무엇이 좋겠습니까? 이왕 몸을 적시여 놓았으니까 그럭저럭 지내지요. 소원은 다만 적당한 남편이 있어서 내 한 몸 데려다가 사랑으로 살아주면 내 한 몸은 그 남편을 바라고 평생 누리겠습니다."** 기생의 처지를 지금의 기준으로 보아서는 안 된다. 당시 기생은 수입이 좋았고, 예능을 요리점에서 판다고 해서 자신에 대해 나쁘게 생각하는 것도 아니었다. 따라서 기생이 춤을 추면 한이 배어 있을 것이라는 생각은 성급한 것이다.

기생이 자신의 처지에 엄청 한이 많다고 하자. 그래도 그것을 춤으로 표현하지는 못할 것이다. 20세기 초반 전통무용을 추던 사람은 모두 기생이었다. 기생들의 주요 공연 장소는 명월관

---

* 백현순, 「살풀이춤과 한의 철학적 해석」, 『한국무용연구』 27권 1호, 한국무용학회, 2009, 55-56쪽.

** "예단일백인", 〈매일신보〉, 1914.2.4.

같은 요리점이다.[*] 거기서 아버지 생일잔치를 벌이는 손님들 앞에서 기생이 자신의 한풀이를 춤을 통해 표출할 수 있겠는가? 만약 그랬다면 손님들은 잔치의 기분이 깨져 다시는 그 기생을 부르지 않을 것이다. 기생은 오늘날 연예인이다. 그들은 아무리 개인적 고충이 있다 하더라도 연행에서 그것을 드러내지 않았을 것이다.

요즘 살풀이춤 반주에는 우리에 갇힌 짐승이 울부짖는 듯한 구음이 너무나 시끄럽다. 이런 처절한 반주 음악 때문에 살풀이춤을 슬픔이나 한의 춤이라고 사람들은 이해할 수도 있다. 그러나 이런 반주도 최근의 일이지 20세기 전반의 요리점에서 기생들이 공연할 때는 없었을 것이 확실하다. 잔치와 그런 비통한 음악은 어울리지 않기 때문이다. 1985년도 한영숙의 공연은 최근의 공연과 달리 음악이 담담하여 살풀이춤이 한의 춤이라는 고정관념을 벗어 던지는 데 도움이 될 것이다.[4]

지금까지 살풀이춤에 대한 연구는 주로 살풀이 음악을 사용한다는 것에 얽매여 춤의 내용을 애원성과 한의 극복으로 오해하여왔다.[**] 그러나 살풀이춤의 음악은 살풀이가 아니라 굿거리이다. 이 외에도 여러 유파를 비교하거나 춤의 동작을 서술하거나 또는 귀족적이고 담백한 아름다움의 표출이라는 식의 감성적 분

---

* 이정노, 「일제강점기 서울지역 기생의 요리점 활동과 춤 연행 양상 연구」, 『한국문화연구』 제29호, 이화여자대학교한국문화연구원, 2015, 123쪽.

** 국립문화재연구소, 1998, 98쪽.

한영숙류 살풀이-이경화(팔일, 풍운을 여는 춤의 여드레, 2010)

석이 주류이다.[*] 그러나 이런 식의 연구는 살풀이춤의 본질에 접근하지 못하는 외면적 연구이다.

살풀이춤의 정신은 자유의 신명이다

살풀이춤의 본질을 한이 아니라 자유의 회복이라고 볼 수도 있다. 자유란 한계를 극복하는 힘이나 과정을 의미한다. 자석이 북극을 향하고 있다는 것은 자석의 한계이다. 왜냐하면 자석이 남쪽이나 동쪽을 향하려고 해도 그쪽으로 방향을 돌릴 수 없기 때문이다.

모든 인간은 자유로운 존재로 살고자 한다. 그러나 우리의 삶은 자연과 사회의 환경 속에서 일어나므로 타자에 의해 제약되어 있다. 예를 들어 우리는 겨울에는 모내기를 하지 못하며, 회사에서는 과장의 지시에 복종해야 한다. 나는 자유를 원하지만, 내가 원하는 대로 살지 못한다. 자신이 원래 지향하는 것으로부터 벗어난 상태를 헤겔은 상위성(Anderssein)이라고 부르며,[**] 상위

---

* 국승희·강지연, 「한영숙류와 이매방류 살풀이 춤의 미적 특성 비교」, 『한국스토리학회지』 제14권 제1호, 한국스포츠학회, 2006, 1-18쪽; 송미숙, 「류파별 살풀이춤을 통해 본 한국춤의 미」, 『한국무용사학』 제12호, 한국무용사학회, 2011, 129-156쪽; 안병주·홍승희, 「한영숙류 살풀이춤 기록 실태에 관한 비교분석-무보관련 학위논문을 중심으로」, 『한국무용기록학회지』 제21호, 한국무용기록학회, 2011, 83-104쪽; 황경숙·이주연, 「살풀이춤의 무용미학적 고찰-한영숙류를 중심으로」, 『한국스포츠학회』 제15권 제5호, 한국스포츠리서치, 2004, 511-524쪽.

** G. W. F. Hegel, *Vorlesungen über die Logik,* Felix Meiner Verlag, Berlin, 1831, 112-113쪽.

성이란 지향하는 것과 차이가 난다는 점을 지적한다. 이 상위성을 극복하면 나는 원래 지향하던 자유의 존재로 돌아오는데, 상위성을 극복하는 것을 헤겔은 지양(Aufhebung)이라고 부른다.

자유의 진정한 의미는 상위성을 극복하는 지양이다. 진정한 자유는 구속이 없는 상태가 아니라 한계와 싸우며 자유를 회복하는 투쟁 과정인 것이다. 자유를 회복하는 과정에서 어떤 정서가 따라온다. 그것이 바로 신명이다. 신명이란 단순한 기쁨이 아니라, 자유를 회복하는 투쟁과정에 수반하는 환희의 정서라고 필자는 이해한다. 기쁨에는 여러 가지 종류가 있다. 밥을 먹으면 만족의 쾌락이 있으며, 아름다운 경치를 구경하면 미학적 즐거움이 일어난다. 신명은 이런 정서와는 다르다. 신명은 한계를 지양하는 데에 동반하는 자부심의 환희이다. 여름날 농부가 들판에서 뜨거운 햇빛을 받으며 일할 때 몸은 고통스러우나 신명이 일어난다. 그는 삶을 제약하는 여러 가지 한계를 이겨내고 있으며 이 자유의 회복 과정에 신명의 환희가 수반하는 것이다. 가끔 그는 노래를 흥얼거리며 어깻짓을 할 수도 있다. 수험생이 어려운 수학 문제를 오랜 시간 풀어가면서 "이런 거야"라며 몸을 흔드는 것도 신명이다.

자유의 신명이 잘 드러난 전통무용 작품은 살풀이춤이다. 작품은 두 부분으로 구성되어 있다. 전반부는 굿거리장단 부이며, 후반은 자진모리장단 부이다. 전반부를 굿거리 마당, 후반부를 자진모리 마당이라고 부를 수 있다. 굿거리 마당은 길고, 자진모리 마당은 짤막하다.

굿거리 마당은 지향과 한계의 갈등을 표출한다. 한영숙류 살풀이에서 그 갈등은 네 가지 주요 동작이나 마루(동작의 연결체)에서 나타난다. 첫째, 도입마루이다. 처음 작품이 시작하면서 무용수는 무대의 오른쪽을 바라보고 서서 앞으로 전진하여 관객석 방향으로 180도 회전한 후 다시 거꾸로 회전하여 원래의 자리로 돌아간다. 원래의 자리가 지향하는 목표라면 180도 회전한 반대의 자리는 한계, 즉 상위성이다. 지향에서 상위성으로, 상위성에서 지향 지점으로 복귀하는 동작의 구성은 갈등의 자각을 상징한다. 둘째, 수건을 뒤로 젖혀 뿌리는 사위이다. 무용수는 수건을 머리 위로 올려 뒤로 젖혀서 뿌린다. 이때 무용수의 신체는 앞으로 전진하면서 오른손을 머리 위로 들어 뒤로 뿌림으로써 전후방의 대조가 강렬하다. 이것은 한계를 제압하고자 하는 인간의 결단을 표출한다. 셋째, 어르는 사위이다. 이것은 양발을 나란히 서거나 앞뒤로 서서 체중을 이 발에 두거나 저 발에 두거나 하며 어깻짓을 하는 동작이다. 이때 양발은 장소 이동을 하지 않으며 어깨의 동작 범위 또한 크지 않지만, 어깨 동작에 자연스럽게 고갯짓이 따라오므로 어르기 사위는 신명의 환희를 가볍게 표출한다. 넷째, 돋음새와 하강새이다. 돋음새는 양 무릎을 살짝 굽혔다가 왼발을 들고 체중을 지탱하는 오른발의 무릎을 펴면서 위로 솟구치는 동작이며, 하강새는 왼발을 든 채로 오른발의 무릎을 굽혔다가 왼발 뒷꿈치를 바닥에 조심스럽게 내려놓으며 몸 전체를 낮추는 자세이다. 내가 지향하는 목표와 지금 현재의 상태가 상위할 때 인간의 자기분열이 발생하며 그 모순이 돋음새와 하강새의 동작 조합에서 이미지로 나타난다.

굿거리 마당에서 자진모리 마당으로 이행하는 과도기에 앉음 사위가 배치되어 있다. 무용수는 뒤로(upstage) 걸어가며 수건을 던지고는 다시 돌아서 지그재그로 걸어서 수건에 접근한다. 무용수는 수건 앞에 무릎을 꿇고 앉아서 '앉아서 휘젓는 사위'를 연출한다. 이것은 무릎을 굽히고 앉은 채 오른손과 왼손을 평사위처럼 일자로 펼쳤다가 상체를 반시계 방향 그리고 반대 방향으로 꼬면서 양손으로 거센 물결을 휘젓는 태세이다. 이 동작을 통하여 무용수는 새로운 사건이 도래한다는 신호를 관객에게 고지한다. 무용수가 몸을 세워 수건을 들기 전에 장단이 굿거리에서 자진모리로 바뀐다.

자진모리 마당에서 무용수는 겹디딤으로 무대를 앞으로, 뒤로, 옆으로, 회전하며 활보한다. 중요 동작은 '잉어걸이'와 '회전하며 수건 날리기'이다. 잉어걸이는 겹디딤으로 후진하는 동작이고, 회전하며 수건 날리기는 겹디딤으로 회전하면서 수건을 옆으로 날리는 동작이다. 이 장면은 살풀이춤에서 가장 화려한 마루이다.

겹디딤은 한계를 제압하고 모순을 해소하는 생명의 운동과 그것에 동반하는 환희를 분출한다. 수건이 허공에 아름답게 날리는 모양은 상위성을 지양한 자의 기쁨을 나타낸다. 환희가 과잉일 수는 없다. 모순이 해결되더라도 여전히 한계는 다시 오기 때문이다. 그래서 살풀이춤의 신명은 언제나 다시 오는 한계의 지양에 동반되는 겸양의 환희이다.

정리하면, 살풀이춤은 무속 계열의 춤으로부터 유래하였으나 장단이 살풀이에서 굿거리로 바뀌면서 춤의 정서와 의미도 크게 변화했다. 현재의 살풀이춤은 전래의 무용이 아니라 1938년 한성준이 창작한 춤이다. 이 춤은 한의 춤일 수도 있고, 자유와 신명을 표출할 수도 있다.

한성준의 살풀이춤은 여러 유파로 발전한다. 필자는 그의 손녀 한영숙이 한성준의 춤에 더욱 가까울 것이라고 추측한다. 1995년 대구무형문화재 9호로 지정된 권명화류의 대구살풀이춤, 1996년 전북무형문화재 15호로 지정된 최선류의 호남살풀이춤(동초수건춤)은 살풀이춤의 예술성을 잘 살려내는 작품이다.

태평무

전통무용 공연에서 가장 자주 볼 수 있는 것은 살풀이춤, 승무, 태평무이다. 이 중 태평무를 관객은 가장 좋아한다. 장단이 신비스럽고 동작이 경쾌하여 지루할 틈이 없기 때문이다. 보통 태평무를 추기 전에 해설자가 "이 춤은 왕과 왕비가 나라의 태평성대를 기원하며 추었던 춤"이라고 설명한다. 그런데 이것은 틀렸다. 태평무는 왕과 왕비가 추지 않았다. 만약 왕이나 왕비가 춤을 추었다면 『악학궤범』이나 『정재무도홀기(呈才舞圖笏記)』 같은 책에 기록이 남아 있을 것이다. 전통사회에서 왕과 왕비뿐 아니라 어느 누구도 태평무를 추었다는 기록은 없다. 아무도 이런 춤을 추지 않았던 것이다.

태평무는 1937년 한성준의 창작 무용이다

'태평무'란 명칭은 1937년에 처음 등장한다. 한성준은 제1회 한성준 무용 발표회에서 태평무를 무대에 올린다. 그 이전에는 태평무라는 이름을 발견할 수 없다.* 한성준은 1938년 11월 8일 조선일보와의 인터뷰에서 태평무가 어떻게 세상에 나오게 되었는지 유래를 밝힌다. 한성준은 충남 안면도에서 무당이 왕의 흉내를 내는 춤을 보았다. 그리고 그 춤을 조선의 임금이 추는 것이라고 상상하고 춤을 창작한다. 왕이 태평성대를 염원하여 춤을 추면 어떻게 될까를 상상하고 만든 춤이 바로 태평무인 것이다. 다시 정리하면, 조선의 왕이나 왕비가 국태민안(國泰民安)을 기원하며 추는 춤은 실제로 없었다. 태평무는 한성준의 창작품이다.

경기 도당굿은 마을굿이다

태평무의 주요 반주 음악은 경기 도당굿의 장단이다. 도당굿은 마을 사람들이 한데 모여 마을을 지키는 수호신에게 복을 비는 마을굿을 말한다. 도당(都堂)은 마을의 수호신을 모시고 제사 지내는 집이다. 도당에 신(神)을 불러서 놀기 때문에 도당굿이라고 하는 것이다. 마을굿과 동제의 차이는 제사만 지내는 동제와 달리 마을굿에서는 춤과 악, 놀이가 연행된다는 점이다. 현대에는 마을굿이 거의 사라지고, 혼을 천도하는 굿만 남아 있다. 그래서 굿이라고 하면 망자의 넋을 위로하는 것이라고 생각하지만, 전통사회에서 가장 흔했던 굿은 마을굿이다.

---

* 송문숙, 「강선영류 태평무 춤사위 구조 분석을 통한 세부 기법 연구」, 『한국여성체육학회지』 제17권 제1호, 한국여성체육학회, 2003, 140쪽.

경기 도당굿 중 가장 유명한 것은 부천의 장말 도당굿이다. 장말은 덕수 장씨(德水張氏) 집성촌을 가리킨다. 굿은 격년으로 음력 10월에 진행하다가 1960년대 중반부터 전승의 맥이 끊어졌다. 그러다가 1980년 11월부터 다시 격년으로 음력 10월에 굿을 하게 되었으며, 1996년부터는 해마다 음력 10월 초에 진행하는 것으로 바뀌었다. 날짜와 성격을 보면 장말굿은 추수감사제에 춤과 악(樂), 놀이를 곁들여 하는 것이다.

터벌림은 굿거리, 장단, 춤 이름이다

장말 도당굿을 포함하여 경기 도당굿은 14개의 굿거리로 진행된다.* 그중 터벌림 굿이 있다. 터벌림은 '터를 밟는다', '터를 벌린다'는 뜻이다. 터벌림은 부정굿, 돌돌이, 시루고사 등 굿의 전반부 절차가 끝나고 굿이 본격적으로 시작하는 중반부로 들어가 전에 굿판을 재정비하기 위해 연행된다. 남자 무당 화랭이가 꽹과리, 장구, 징, 북 등 사물로 터벌림 장단과 진쇠장단을 연주하고, 춤을 춘다. '터벌림'은 굿거리의 이름일 수도 있고, 장단 또는 춤을 의미하기도 한다.

한성준은 터벌림 장단을 태평무의 주요 장단으로 활용한다. 터벌림 장단은 3-2-3-2으로 박자가 구성되어, 4호흡 10박 구조이다. 이 장단은 특이하다. 3박과 2박(♪+♪+♪와 ♪+♪)이 불균

---

* 염현주, 「경기 도당굿을 통해 본 태평무 연구」, 숙명여자대학교 교육대학원, 1996, 21쪽.

신은주 태평무

신은주의 태평무 군무

등하게 연합하여 신비스러우면서 힘이 솟구치는 느낌이 들기 때문이다. 태평무 외 대개의 전통 무용 장단은 굿거리나 자진모리이다. 이것은 3-3-3-3로 박자가 구성되어, 4호흡 12박 구조이다. 균등한 박자 구조로 이루어져, 느리면 평온하고, 빠르면 즐거운 기분이 난다. 반면 태평무의 주요 장단은 3소박과 2소박이 결합하는 불균등 구조이기 때문에 이 장단에 맞추어 추는 춤도 신비스런 가운데 기운이 생동하는 느낌이 일어난다.

한성준이 경기 도당굿의 터벌림 장단을 활용하여 태평무를 창작한 이후 사람들은 경기 도당굿에 터벌림 춤이 있다는 것을 새롭게 발견하고, 그것을 태평무와 연관 짓기 시작했다. 이동안(李東安, 1906~1995)류 태평무는 경기 도당굿의 터벌림 춤을 토대로 창작한 것이다. 태평무가 경기 도당굿에 원래부터 있었던 것이 아니다. 한성준의 태평무가 터벌림 장단에 맞추어 추니까, 경기 도당굿의 터벌림 춤을 발전시켜 나중에 태평무라고 부르는 것이다. 이 춤은 한성준의 태평무와 장단이 같다는 것 말고는 아무 관계가 없다.

한성준의 태평무를 한영숙과 강선영이 새로 창작하다

한성준은 태평무를 두 사람에게 가르쳐주었다. 한 사람은 손녀 한영숙이고, 다른 사람은 강선영(姜善泳, 1925~2016)이다. 한영숙은 한성준의 문하에서 살풀이춤, 승무, 태평무, 학춤, 검무, 선비춤, 바라춤 등을 배웠고, 18세가 되던 1937년 10월 서울 부민관(府民館)에서 있었던 한성준의 첫 무용발표회를 통해 무대에 데뷔하였다. 강선영은 1937년에 열세 살의 나이로 한성준 문하에 들어왔다. 당시 태평무는 2인무였다. 왕은 한영숙, 왕비는 강선영이 맡았다. 강선영은 한성준이 만든 40종의 춤을 배웠고, 1943년 한성준 무용발표회에 출연했다.* 한성준의 태평무는 한영숙과 강선영이 이어받았다.

태평무는 1937년부터 1941년 한성준의 사망까지 약 4년 동안 조선 전 지역은 물론 만주와 일본에서까지 한성준의 중요 공연 종목이었다. 한성준 사후 한영숙과 강선영은 태평무를 1970년까지 거의 30년 동안 추지 않았다. 이 기간은 전통무용 또는 조선무용이 인기가 없었기 때문이다. 두 사람은 1970년 이후 태평무를 다시 공연한다.** 공백 기간이 너무 길어 두 사람은 한성준이 창작한 태평무의 원형을 제대로 기억하지 못하였을 것이다. 두 사람은 각자의 미학에 따라 태평무를 새로 창작한다. 이것이 한영숙류 태평무와 강선영류 태평무이다. 국가무형문화재 제92호로 강선영류 태평무는 1988년에, 한영숙류는 2019년에 지정되었다.

터벌림 장단이 춤의 중심이나 한영숙류와 강선영류는 상당히 다르다. 한영숙류는 한성준이 창작한 원래 태평무의 정신을 잘 살리고 있다. 반면 강선영류는 의상의 화려함과 팔사위의 아

---

* 송문숙, 앞의 글, 142-143쪽.

** 신미향, 「강선영류 태평무의 무형문화재적 가치연구」, 한국예술종합학교, 2010, 38쪽.

름다움에만 치중하여 태평무가 본래 지니고 있었던 기원무의 성격을 흐리게 하였다고 필자는 본다. 그렇기에 이 글에서는 한영숙류의 태평무를 주로 다룬다.

한영숙은 태평무의 음악을 춤의 정신에 맞게 새로 만든다

한영숙은 태평무를 새로 창작하는 과정에서 지영희(1909~1980)를 다시 만난다. 지영희는 경기도 평택 세습무 집안에서 태어나 당대의 국악 명인들에게 조기교육을 받았다. 그는 14세에 정경순과 혼인했고, 1958년 49세에 가야금의 명인인 성금련(1923~1983)과 재혼했다. 지영희는 1938년경 한성준의 조선음악무용연구소에서 조교 생활을 하며 한성준으로부터 무용과 장단을 전수받았고, 한영숙과도 그때 처음 만났다. 조선음악무용연구소는 1934년에 한성준이 설립한 무용 교육기관이다. 이것은 서울 종로구 경운동 교동 초등학교 맞은편에 있었다. 2층 건물이었는데 1층은 살림집과 기숙사이고 2층은 연습실이다.* 강선영은 여기서 숙식을 하면서 무용을 배우고, 한성준 대신 아이들의 무용을 지도하였다.**

지영희는 태평무 음악을 발전시켰다. 원래 한성준의 태평무 음악은 경기 도당굿의 터벌림 장단으로 시작하는 데 반해, 한영

* 신미향, 앞의 글, 55쪽.

** 오덕자·심경은, 「무형문화재 태평무 명예 보유자 강선영 생애담을 통한 성인기 삶의 의미」, 『한국여성체육학회지』 제31권 제1호, 한국여성체육학회, 2017, 38쪽.

숙의 태평무는 성금련의 '새가락별곡'으로 시작하도록 지영희가 변화를 주었다.* '새가락별곡'은 성금련이 산조 선율과 한강 이남의 굿 장단에 힌트를 얻어 푸살, 터벌림, 봉등채 장단을 이용하여 만든 창작곡이다. 한영숙의 태평무 음악은 도입부에 성금련이 작곡한 '새가락별곡', 중간 부분에는 한성준의 태평무 음악을 복원한 경기 도당굿, 그리고 뒷부분에는 지영희가 능숙하게 연주하는 경기 시나위로 구성되어 있다.

한영숙의 태평무를 계승한 박재희는 2019년 태평무 예능 보유자로 인정되었다. 무형문화재 제도에서 지정과 인정은 개념이 다르다. 종목은 지정되고, 그것을 구현하는 전문인은 보유자로 인정되는 것이다. 태평무는 국가무형문화재 제92호로 지정되었고, 박재희는 보유자로 인정되는 것이다. 박재희는 한영숙의 태평무 음악 도입부의 '새가락별곡' 부분에서 봉등채 장단을 뺐다. 그래서 원래의 '새가락별곡'의 장단 구성은 푸살-터벌림-봉등채인 데 반해, 박재희의 '새가락별곡'은 푸살-터벌림으로 줄어들었다.** 대신 뒤이어 나오는 경기 도당굿 부분에서 장단의 수가 늘어났다. 춤의 순서는 '새가락별곡'으로 시작하여 같았으나, 봉등채 부분의 춤사위가 빠지고 경기 도당굿 부분에서는 장단의 수가 늘어났기 때문에, 부족한 춤사위를 박재희가 새로 만들어 추가하였다.

---

* 한소정·윤수미, 「한영숙류 태평무 전승에 따른 춤사위 비교분석」, 『한국무용연구』 38권 3호, 한국무용연구학회, 2020, 144쪽.

** 한소정·윤수미, 위의 글, 147쪽.

태평무는 나라의 태평을 기원하는 굿이다

태평무에 관해 지금까지 필자가 조사한 논문 중 태평무의 미학을 탐구하는 것은 단 한 편이다. 대개 태평무의 역사, 유파의 차이, 동작과 음악 분석에 대한 것이다. 태평무에 대해 미학적 접근을 수행한 논문은 2013년 원혜정의 부산대 석사 논문「태평무의 상징성에 관한 고찰-한영숙류 태평무를 중심으로」이다. 석사 논문이 전문 연구자들도 하지 못했던 태평무 미학 탐구를 시도한 점은 놀라운 일이다. 이 논문은 경기 도당굿과 한영숙 태평무가 기원의 성격을 공유하고 있다고 본다. 차이는 경기 도당굿이 마을의 태평을 비는 굿인 데 비해 태평무는 국가의 태평을 비는 굿이라는 데에 있다.* 원혜정은 경기 도당굿과 태평무는 반주 음악만 유사한 것이 아니라 정신도 같다고 해석하는 것이다. 이 해석을 따라가며 태평무의 기원(祈願) 성격을 찾아보자.

마을굿의 전통은 오래된 것이다. 고대 중국인들은 우리 민족을 동이족(東夷族)이라 불렀다. 중국 진나라 진수(陳壽)가 297년에 지은『삼국지(三國志)』의「위지동이전(魏志東夷傳)」과 중국 남북조시대에 남송의 범엽(范曄)이 편찬한『후한서(後漢書)』의「동이전」에 선사시대 우리나라의 마을굿이 기록되어 있다. 부여에는 매년 12월에 영고(迎鼓)라는 제천 행사가 있었고, 고구려는 10

---

* 원혜정,「태평무의 상징성에 관한 고찰-한영숙류 태평무를 중심으로」, 부산대학교 대학원 석사논문, 2013년, 12-51쪽.

월에 동맹(東盟)이라는 행사를 열었으며, 동예는 10월에 무천(舞天)이라는 제천 행사가 있었다고 한다. 제천 행사는 하늘에 제사하고 술 마시며 노래 부르고 춤을 추며 노는 마을굿이다.

경기 도당굿은 고대사회의 제천의식 정신을 그대로 이어받았으나 절차가 더욱 체계적이다. 도당굿의 체계는 청신(請神)-신탁(神託)-오신(娛神)-송신(送神)의 과정이다.* 청신은 신을 불러들여 굿당에 모시는 과정이며, 신탁은 신과 인간이 교섭하는 과정, 오신은 신을 즐겁게 해주는 과정, 송신은 신을 보내는 과정이다. 마을굿에서 춤추고 노래하는 이유는 신으로부터 보호받는다는 점이 즐겁기 때문이기도 하고, 신을 즐겁게 해주기 위한 목적도 있다. 도당굿이 청신으로 시작하여 송신을 끝나는 이유는, 신은 당에 거주하는 것이 아니라 어딘가에 있다가 굿을 하는 동안 잠시 당에 머무른다는 생각 때문이다. 신은 당에서 마을 사람을 만나고 다시 어디론가 떠나간다.

도당굿은 마을의 안녕과 번영을 위한 굿이고, 태평무는 국가 차원에서 나라의 태평성대를 기원하는 굿이다. 한영숙 태평무는 가야금으로 반주한다. 가야금 선율이 부드럽고 우아하여 청신에 어울린다. 무용수는 무대 오른쪽에서 가야금 선율에 맞추어 무대로 걸어간다. 이 동작 구성은 마치 도당굿에서 신이 당으로 내려오는 듯한 분위기를 연출한다. 반면 강선영의 태평무는 시끄러운 소리의 낙궁장단으로 시작한다. 이런 점에서 강선영류는 한

---

* 염현주, 앞의 글, 19쪽.

박재희의 '연꽃 사위'

이한솔의 '돌아서 맺음'

영숙류에 비해 기원의 성격을 잘 살리지 못하고 있다.

한영숙 태평무에는 도입부에서 연꽃이 피듯 머리 위에서 양팔을 손끝까지 펴주는 동작이 나온다. 이 연꽃 사위는 몸통을 중심으로 팔을 여덟 팔 자가 되게 펴는 동작이므로, 여덟 팔 자 사위라고 할 수도 있다. 이 동작은 도당굿에서 신을 굿당으로 청하는 과정을 상징한다.

도당굿의 신탁 과정에서 신과 인간이 만난다. 굿에서 접신무는 양손을 벌리거나 양손을 허리에 대고 왼쪽으로 돈다. 한영숙류 태평무는 장단을 서로 연결할 때 한 바퀴 또는 두 바퀴를 돌아서 끝내는 경우가 많다. 태평무의 회무 동작은 경기 도당굿의 접신을 상징한다.

한영숙류 태평무에서는 발동작이 강선영류보다 많다. 발동

이경화의 '발들어차기'

홍지영의 '바닥밟기'

작은 한영숙류가 50%, 강선영류가 33%이다.* 반면 강선영류는 팔 사위가 많다. 강선영은 팔 사위가 56%이며 한영숙은 31.6%이다. 한영숙류 태평무에서 매우 빠른 발 디딤과 바닥을 찍는 듯한 발동작, 그리고 발을 차올리듯 잔걸음으로 무대의 사방을 다지듯이 밟는 동작을 자주 본다. 이때 반주는 터벌림 장단이다. 이것은 경기 도당굿의 터벌림 춤에서 꽹과리 소리에 맞추어 발을 탁탁 차서 동서남북 잡귀를 몰아내고 복을 바라는 벽사진경과 의미가 유사하다. 다리돌림 돋음새와 빠르게 바닥을 겹디딤으로 밟고 다니는 동작은 악귀를 밟아주고 복을 바라는 의미를 품고

---

* 김영숙, 「태평무의 발달과정과 특이성에 관한 연구」, 세종대학교 대학원 석사논문, 1995, 24쪽.

있다.

태평무는 역사가 짧은 춤이다. 1937년에 한성준이 처음 공연하였으니 역사가 100년이 되지 않고, 중간에 공연하지 않았던 기간이 30년쯤 되어 실제로 공연된 햇수는 60년이 되지 않는다. 태평무는 전통무용이 아니다. 전통무용이란 전통사회에서 연행된 춤인데, 우리나라에서 전통은 1910년 조선 멸망 이전 시기이기 때문이다. 전통무용이 아님에도 불구하고 태평무는 전통 춤처럼 보인다. 그 이유는 음악이 무속의 음율과 장단을 활용하고, 내용이 벽사진경이라는 전통 신앙을 담고 있기 때문이다.

태평무는 전통무용의 형식과 내용을 담고 있으나 전통무용은 아니다. 태평무는 전통무용처럼 창작된 현대의 무용이기 때문이다. 국악에 비교하면 태평무는 민요가 아니라 신민요이다. 조선무용은 전통무용과 전통무용의 형식과 내용을 살려 창작한 신전통무용을 포괄하는 개념이다. 태평무는 전통무용은 아니지만 조선무용이라고 부를 수 있다.

한량무

'한량무'는 부산과 경남에서 각각 문화재로 지정되어 있다. 경남은 1979년에 '한량무'를 무형문화재 제3호로, 부산은 2005년에 '동래한량춤'을 무형문화재 제14호로 등록하였다. 이 외에 한량무가 문화재로 지정된 곳이 두 군데 더 있다. 전북은 2011년 '한량춤'을 무형문화재 제44호로, 서울특별시는 2014년 '한량무'를 무형문화재 제45호로 지정하였다.

한량무는 네 개의 시도에 문화재로 등록되어 있는 것이다. 명칭은 약간 차이가 있다. 경남과 서울은 '한량무'인데, 부산은 '동래한량춤', 전북은 '한량춤'이다. 이름만 다른 것이 아니라 구성도 다르다. 경남과 서울의 한량무는 여러 사람이 등장하는 극무용이다. 반면 부산과 전북의 한량무는 독무이다.

제일 먼저 문화재로 지정된 곳은 경남이다. 경남 한량무는 '진주 한량무' 또는 '양산 한량무'로 불린다. 여기에는 이유가 있다. 원래 이 춤은 양산의 학산 김덕명이 양산 권번에서 춤을 가르쳤던 평양 명기 김농주로부터 배운 것이다. 그래서 양산 한량무라고 한다. 그런데 학산 선생이 1977년 '진주시립국악원'의 초청을 받아 팔검무 이수자들에게 한량무를 전수하였다. 한량무가 경남 문화재로 지정되자 학산은 그 문하생들과 함께 예능보유자로 인정되었다. 이런 연유로 경남의 한량무를 진주 한량무라고도 한다.

경남 한량무는 극무용이다

경남의 한량무에는 색시, 한량, 중, 별감, 상좌, 주모, 마당쇠 7명의 인물이 등장한다. 주요 내용은 다음과 같다.

1) 색시가 화관을 쓰고 활옷에 한삼을 착용하고 춤을 춘다. 한량이 지나가다가 추파를 던지니 반응이 좋다. 색시가 미모라서 한량이 한번 꾀어볼 심사에 춤을 같이 추다가 색시에게 줄 선물로 꽃신을 사러 나간다.
2) 이 찰나, 중이 상좌를 앞세우고 하산 도중에 흥겨운 풍악에 색시 춤을 보니 황홀경에 도취하여 색시와 함께 춤을 춘다. 색시 반응이 좋아 중은 색시를 한번 꾀어볼 심사에 선물을 사러 나간다.
3) 한량이 선물 꽃신을 사 들고 즐거운 표정으로 색시 발에 신을 신기고 만족한 기분으로 한없이 즐기다가 잠시 쉰다.
4) 중이 선물을 사 들고 와서 색시를 바라보고 나비가 꽃 본 듯 너울너울 춤을 추며 색시 앞에 덥석 앉아 색시 발을 바라본다. 중은 한량의 선물에 질투를 느끼고 그 신을 벗어 던져

경남 한량무

버리고 자기가 사 온 신을 신겨주고 색시를 꾀어 논다.*

『몽유연행록』의 승무

학산은 이 춤을 평양 기생 김농주에게 배웠다. 그렇다면 예전부터 평양의 기생들은 이런 춤을 추었을 것이다. 이 점을 뒷받침하는 증거가 연행록(燕行錄)에 있다. 조선은 중국으로 사신을 보내는데, 그 사신들이 여행하면서 보고 들은 것을 기록한 책이 연행록이다. 서울에서 압록강을 건너기 전에 사신 일행은 약 20개의 도시에서 숙박한다. 그 가운데 평산, 황주, 평양, 안주, 선천,

* 김덕명, 『무형문화재 경상남도 제3호 한량무 무보』, 1994, 58-91쪽.

의주 등 10곳 이상에서 지방 수령들이 사신 일행을 위해 기악(妓樂)을 베푼다.* 이우준은 1848년(헌종 14년) 동지정사 사절단의 수행원으로 중국을 다녀오며 일기를 썼다. 그것을 묶은 책이 『몽유연행록』이다. 이유준의 사절단은 11월 의주에 도착하여 열흘 정도 머물렀다. 11월 19일 이우준의 일기를 보면 의주 부윤은 사신 일행에게 기악을 베풀었는데, 그중에 경남 한량무와 비슷한 춤이 '승무'란 이름으로 등장한다.**

> 부윤이 세 사신을 초청하여 진변헌(鎭邊軒)에서 모이니, 바로 관아 안의 동각(東閣)이다. 나 또한 오라는 요청을 받아 가서 보니, 음식 한 상을 따로 차려주었다. 제공하는 음식은 다 같았다. 관아인 부(府)의 기생과 각 방(房)에서 대동한 기생 수십 명이 좌우에 줄지어 서 있는데, 오음(五音)이 뒤섞여 어우러지고, 여러 가지 놀이가 질서정연하게 공연되었다.
>
> 모두 다른 곳에서도 본 것들인데, 그중 소위 '승무'(僧舞)라고 불리는 것이 있었다. 살펴보니, 두 어린 기생이 녹색의 머리 장식인 가체(加髢)를 쓰고 붉은 치마를 입었는데, 나이는 14, 15세 정도이다. 어여쁜 허리에 소용돌이 걸음으로 서로 마주하여 춤을 추었다.

---

* 최성애, 「19세기 연행록에 표현된 연행활동–춤을 중심으로」, 『한국한문학연구』 제76집, 한국한문학회, 2019, 36쪽.

** 이유준, 이철희 옮김, 『국역몽유연행록』, 세종대왕기념사업회, 2018, 65쪽.

조금 있다가 홀연히 두 기생이 나타났는데 승려 분장을 하고 있었다. 두 기생은 하얀 장삼(長衫)에 가사(袈裟)를 걸치고, 어깨에는 108 염주를 걸고, 손에는 지팡이인 석장(錫杖)을 짚고 있었다. 밖에서 허리를 굽히고 빨리 들어와 불경인 범어(梵語)의 노래를 부르니, 완연히 태백산의 도승(道僧)이었다.

중이 어린 기생을 한번 보니 붉게 화장한 미녀인지라 마음이 흔들렸다. 중이 기생에게 말을 걸어 유혹하려고 하니 기생은 한 번은 성을 내고 또 한 번은 웃기도 하였다. 기생은 처음에는 매우 냉담하였지만, 마침내 중과 서로 친해지고 어울려 마구 장난을 쳤다.

의주부윤이 사신 일행을 초대한 연향에서 기생 20~30명이 동원되어 노래 부르고 춤추었다. 그중에 '승무'가 있는 것이다. 이 춤에는 승려가 색시를 유혹하는 장면이 들어 있고 이것은 경남 한량무와 유사하다. 이유준은 승무를 포함한 여타의 가무를 다른 지역에서도 본 적이 있다고 한다. 그러면 '승무'는 의주의 교방에서만 연행하는 것은 아닐 것이다.

『교방가요』의 승무

장악원(掌樂院)은 조선시대 궁중에서 음악과 무용에 관한 일을 담당하는 부서이다. 교방(敎坊)은 지방 정부의 장악원이다.

1870년부터 진주부사와 김해부사를 지낸 정현석은 김해부사로 재직하던 1872년에 진주의 교방에서 연행되는 가무를 기록하여 『교방가요(敎坊歌謠)』라는 책을 출판하였다. 이 책에 수록된 가무 작품에서 진주 촉석루라는 지역적 특수성을 갖는 '의암별제가무'를 제외한 모든 항목은 진주나 김해 등 어떤 지방의 교방에서나 보편적으로 연행되는 일반적 공연물이다.* 이 책에도 '승무'가 기록되어 있다.** 이것은 경남 한량무와 거의 같다.

> 나이 어린 기생이 절하고 춤을 춘다. 풍류랑(風流郞)은 쾌자를 입고 기생 주위를 돌며 춤추며 놀고 희롱한다. 이때 노승이 집 모퉁이에 엎드려 있다. 상좌(上座)가 등장하여 춤추며 노승 앞으로 가서 기생을 가리킨다. 노승은 머리를 흔들며 쳐다보지 않으니, 상좌가 다시 노승의 귀에 대고 무어라 말하니 노승은 차츰 머리를 들고 쳐다본다. 상좌가 노승을 끌어당겨 세워서 기녀 가까이 점점 다가가게 한다. 노승은 기녀를 돌며 춤춘다. 풍류랑은 일부러 피해 나간다. 노승은 기녀와 놀고 장난치다가 풍류랑이 가까이로 들어오자 피해 나가버린다. 풍류랑이 비단 신을 기녀의 발에 신겨주고는 가버린다. 노승은 그 신발을 벗겨버리고, 자기가 사 온 꽃 신발을 기녀의 발에 바꿔 신겨주고는 가버린다. 풍류랑이 돌아와 신이 바뀐 것을 보고 화를 내며

---

* 정현석, 성무경 옮김, 『교방가요-조선후기 지방 교방(敎坊)의 악·가·무(樂歌舞)』, 보고사, 2002, 18쪽.

** 정현석, 위의 책, 220~221쪽.

기생을 때리는데, 기생은 우는 척한다. 풍류랑이 기녀의 허리를 잡고 화를 풀어주다가 나간다. 노승이 다시 와서 기녀와 놀다가 기녀를 업고 나간다. 풍류랑이 술에 취해 비틀거리며 들어와 기녀가 없는 것을 보고 다리를 뻗고 앉아 운다. 기녀가 노승을 버리고 돌아와서 풍류랑의 허리를 잡고 운다.

이 춤의 주인공은 풍류랑, 색시, 승려이다. 조선시대 사람들은 이들 중 승려가 가장 중요한 인물이라고 보고 '승무'라고 부른 듯하다. 이유준이 기록한 승무는 1848년 의주의 교방에서 연행한 것이다. 『교방가요』의 승무는 정현석이 1870년경 진주 교방에서 본 것이다. 이 승무는 다른 지방의 교방에서도 공연되고 있었다. 승무는 순전히 기녀들이 공연하는 교방 정재의 하나였던 것이다.*

관기들이 명월관으로

관아에 소속된 기생은 관기이다. 이유준과 정현석 앞에서 승무를 공연한 기생들도 관기이다. 조선은 말기에 쇠약해지면서 재정 부족 때문에 관기 제도를 폐지한다. 조선의 중앙정부는 1907년 11월에 300여 명의 관기를 해고하고 그 결과 100여 명만 남게 되었는데, 이듬해에는 그 남은 관기마저 30여 명으로 줄어들었다.** 조선 후기의 관기는 서울에서 활동하는 경기(京妓)와 지

---

* 정현석, 위의 책, 50쪽.

** 민향숙, 「관기제도(官妓制度) 해체 이후 기성권번(箕城券番)의 등장 과정 고찰」,

방에서 활동하는 향기(鄕妓)로 나뉜다. 경기는 공적 행사와 민간의 사적 활동을 겸하고 있었다.* 관기는 관청에서 행사가 있을 때는 동원되지만, 일이 없을 때는 사대부의 회갑 잔치 같은 데에 초청되어 가무를 연행하고 돈을 벌었다. 관청 행사가 늘 있는 것은 아니기 때문에 지방에서도 그랬을 것이다.

1910년 조선이 완전히 멸망하면서 중앙과 지방 정부에 소속된 관기들은 모두 민간으로 나오게 된다. 이들은 이미 민간에서 활동하고 있던 기생들과 함께 기생조합 즉 권번을 결성하고 가무를 하며 생존했다. 이제 기생의 주요 활동 무대는 관청이 아니라 명월관 같은 요리점이다. 여기에는 극장식 무대도 있어 봉산탈춤도 공연했다고 한다.

그러나 보통은 방중 공간에서 연행하였다.** 요리점의 방은 관아의 마루처럼 넓지 않다. 그러니 춤추는 사람의 수는 적어져서 주로 독무나 2인무, 4인무가 된다. 공연 시간의 제약도 받을 수밖에 없다. 이유준의 『몽유연행록』을 보면 낮부터 연향을 시작하여 촛불을 켜고 밤늦게까지 놀았다고 하는데, 요리점에서는 그럴 수가 없다. 기생들은 시간당으로 돈을 받는다. 그러니 손님의 부담이 크지 않도록 한 작품당 공연 시간도 줄여야 했을 것이다.

여러 명이 등장하는 무극(舞劇) 승무는 요리점의 특설 무대

『대한무용학회논문집』 제76권 제4호, 2018, 64쪽.

* 이정노, 「일제강점기 서울지역 기생의 요리점 활동과 춤 연행 양상 연구」, 『한국문화연구』 제29호, 이화여자대학교한국문화연구원, 2015, 112쪽.

** 이정노, 위의 글, 133쪽.

라면 모를까, 방 안 공간에서는 연행하기 힘들다. 이 춤을 요리점 방 안에서 공연하려면 1인무나 2인무를 떼어서 새로 작품을 만들 수밖에 없는 것이다. 무극 승무의 주인공은 풍류랑과 색시, 중, 세 사람이다. 여기서 중의 춤만을 떼어내어 발전시키면 이것이 독무 승무이다. 풍류랑의 춤도 떼어낼 수 있다. 이것이 독무 한량무이다. 지금 국가 문화재로 지정된 이매방류와 한영숙류의 승무는 19세기까지 기록이 없다. 그런 춤을 궁중에서도 민가에서도 추었다는 증거가 없는 것이다. 이매방류와 한영숙류의 승무는 모두 20세기 초 권번에서 기생들이나 권번 선생들이 무극 승무로부터 떼어내 독무로 개발한 춤이라고 필자는 확신한다. 무극 승무는 모든 지방에서 추던 교방 정재이므로 관기 출신 기생들은 다 출 수 있었을 것이다.

홀춤 한량무는 20세기 초에 개발된 춤이다

홀춤 한량무도 홀춤 승무와 사정은 같다. 19세기까지 한량무는 기록이 어디에도 없다. 한량무라는 이름은 1908년 광무대(光武臺) 공연 광고에서 처음으로 등장한다.* 〈황성신보〉에 났던 공연 순서를 보면 승무와 한량무가 별개의 작품으로 적혀 있다.

이때 이후 한량무는 한동안 드러나지 않는다. 〈매일신보〉의 '예단일백인'(1914)이나 '조선미인보감'(1918) 시리즈 기사에 기생

---

* 김호연, 「한량무의 전승 양상과 그 서사구조 연구-한성준 계열 강선영류를 중심으로」, 『무용역사기록학』 제49호, 무용역사기록학회, 2018, 70쪽.

들의 기예가 실려 있는데, 한량무는 어디에도 없다.* 한량무라는 이름은 송석하가 1934년 〈동아일보〉에 기고한 글에서 처음 나타난다. "또 무용에 있어서 동래, 밀양의 덧배기, 통영, 남해의 중메구, 파발, 양주, 봉산의 노장춤은 훌륭한 민속예술이라고 하겠지만, 각처의 한량무, 승무는 그것이 아닌 지 오래다."** 이 글을 보면 송석하가 이 글을 쓸 당시 여러 지역에서 승무와 한량무라 불리는 춤이 발전하고 있었음을 알 수 있다. '각처의 승무와 한량무'는 아마 19세기 교방 정재 승무에서 유래한 홀춤 승무와 홀춤 한량무일 것이다. 송석하는 이것들이 특정 지역에 고유한 향토무용은 아니라고 주장하는 것이다. 필자도 그 주장에 공감한다.

1938년 부민관에서 한성준은 살풀이, 한량무, 검무, 승무 등을 비롯한 총 14종의 전통무용을 공연하였다.*** 이 한량무는 교방 정재 승무에서 유래한 무용극이다. 이것이 전수되어 2015년 서울특별시 무형문화재로 지정되었던 것이다.

지금의 한량무는 무극과 홀춤 두 가지이다. 무극 한량무는 교방 정재 승무의 구조를 그대로 유지하면서 이름만 승무에서 한량무로 바꾼 것이다. 반면 홀춤 한량무는 교방 정재 승무에서 풍류랑의 춤을 떼어내어 20세기 초에 발전시킨 것이다.

---

* 김호연, 위의 글, 71쪽.

** 송석하, 『石南 宋錫夏-한국 민속의 재음미 下』, 국립민속박물관, 2004, 630쪽.

*** 김호연, 앞의 글, 72쪽.

한량무는 풍류의 정신을 표출해야

홀춤 한량무는 원래 기녀가 추던 풍류랑의 춤이므로 풍류의 정신을 구현해야 한다. 풍류는 우리 고유의 종교이며 사상이었다. 최치원은 풍류가 유불선 삼교를 통합하고 있다고 한다. 신라에서 풍류도를 구현하는 사람은 화랑이었다. 보통 화랑을 용감하고 지혜로운 전사로 간주하지만, 화랑은 가무를 즐기는 예술적 성격과 산천을 찾아다니며 신령들에게 제사 지내는 종교적 성격도 가지고 있었다. 화랑이 실천하는 풍류도는 인간이 잘살 수 있도록 산천의 신령에게 춤과 노래로 제사 지내는 것이었다. 신라 이후 고려와 조선에서 유교와 불교 같은 외래 종교가 득세하면서 풍류도의 종교적 성격이 퇴화하고, 가무를 즐기는 예술적 성격만 남았다. 풍류도의 화랑 같은 사람을 조선의 교방에서는 풍류랑이라 했고, 20세기 초 권번에서는 한량이라고 불렀던 것이다.

부산에서 한량무는 지방문화재로 지정되어 있는데 명칭은 "동래한량춤"이다. 문화재청 홈페이지는 동래한량춤의 유래와 특징에 대해 다음과 같이 설명한다.*

"동래한량춤은 동래의 지역색이 강하고, 독특한 춤가락이 가미된 남성춤이다. 이 춤은 예로부터 동래 지역 한량들이 추었던

* "동래한량춤", 〈국가문화유산포털〉

춤으로서 전체적인 춤사위는 이 지역에서 전래되는 덧배기, 배김사위를 바탕으로 하고 있다."

이 설명은 전혀 근거가 없다. 동래 한량춤은 예로부터 동래 지역 한량이 추던 춤이 아니다. 그런 춤은 동래에 존재하지 않았다. 동래 교방에서 추던 무용극 승무에서 풍류랑의 춤이 독립되어 동래한량춤과 같은 형태로 20세기 초반에 발전한 것이다. 조선의 관아에서 승무의 풍류랑 역할을 담당하던 사람은 관기였고, 20세기 초에는 권번의 기생이 독무로 독립된 한량무를 추었다. 이 춤을 동래의 기방에 드나들던 남자들이 배웠다. 그중 한 사람이 문장원(文章垣, 1917~2012)이다. 문장원은 동래한량춤이 부산 무형문화재로 2005년 지정될 때 초대 예능 보유자가 되었다.

국가 문화재나 지방 문화재로 지정받기 위해 춤의 유래를 조작하는 일은 드물지 않았다고 필자는 믿는다. 전통사회에서 동래뿐 아니라 전국 어디에서도 남자들이 추는 한량춤은 존재하지 않았다. 그래서 한량춤을 문장원은 동래의 기방을 출입하며 기생들에게 배울 수밖에 없었던 것이다.

한동안 부산에서는 동래한량춤이 남성춤이라며 무형문화재 전수장학생 선발 과정에서 여성을 배제했다. 터무니 없는 처사이다. 동래한량춤은 전통사회의 남성무가 아니라 20세기 초 권번에서 개발되어 기생들이 추던 춤이기 때문이다. 2019년 국가 인권위원회는 동래한량춤의 전수장학생 선발 과정에서 여성을 배제한 것은 '차별'이라고 판단했다.* 이 춤은 원래 남성무가 아니라 여성무이다. 그래서 원형을 유지하려면 여성이 아니라 오히려 남성을 배제했어야 했다.

김진홍의 한량무는 초반에 풍류의 정신이 완연하다. 무용수는 바닥에 앉아 가인(歌人)이 시조를 부르는 것을 듣는다. 천천히 팔을 펴고 상체를 회전하며 시조의 감동에 조응하다가, 감흥이 너무 커지자 그냥 앉아 있을 수 없어서, 부채를 귀에 대어 노랫소리에 집중하면서 일어선다. 필자는 이 장면이 좋다. 노래를 들으며 몸과 마음이 노래에 따라 저절로 움직이는 것이 가무를 사랑하며 인생을 즐기는 풍류의 마음이다.

최치원은 풍류도를 설명하면서 자연의 말없는 가르침을 실천하는 것이라고도 한다. 그것은 중국인이 반자도지동(反者道之動)이라고 표현하는 것인데, 모든 것이 극단으로 가면 되돌아가는 자연의 진리이다. 겨울은 여름으로 돌아가고, 여름은 다시 겨울로 돌아간다. 밤이 깊으면 새벽이 오고, 한낮이 지나면 해는 서산으로 지고 밤이 온다. 이것을 깨닫는 사람은 승리의 순간에도 근신하고, 절망적 상황에서도 희망을 잃지 않는다. 풍류의 정신은 이렇게 마음이 한쪽으로 치우치지 않는 중용을 추구한다.

경남과 서울의 한량무는 조선의 교방 정재 승무를 전승하고 있다. 홀춤 한량무는 교방 정재 승무로부터 풍류랑의 춤을 떼어내어 20세기에 발전시킨 것이다. 그럼에도 불구하고 홀춤 한량

---

* 선명수, "동래한량춤 전수, 여성 배제는 차별", 〈경향신문〉, 2019.03.04.

무가 전통의 성격을 지키려면 풍류의 정신을 담고 있어야 한다. 풍류는 한국 고유의 사상이기 때문이다. 풍류의 정신은 신선처럼 현실 초월이 아니다. 풍류는 세속에 살면서도 세속에 얽매이지 않고, 삶을 즐기는 세간의 자유인 것이다.

입무(立舞)

'입춤'은 어색한 표현이다. '입'은 한자로 설 입(立) 자이고 '춤'은 순우리말이기 때문이다. 이런 이상한 용어는 무용계에서 자주 보인다. 어떤 무용 연구자는 자신의 전공을 "한국춤사"라고 말한다. '한국(韓國)'은 한어(漢語), '춤'은 순우리말, 사(史)는 다시 한어이다. 이런 괴물 같은 용어는 무용을 춤이라는 순우리말로 불러야 애국적 인간이 된다는 조바심 때문에 생긴 것이다. '한국춤사'는 당연히 '한국무용사'라고 불러야 하고, 입춤은 입무(立舞)라고 해야 자연스럽다. 입무(立舞)를 입춤이라고 부르는 것은 '검무'를 '검춤', '고무'를 '고춤', '승무'를 '승춤'이라고 하는 것이나 마찬가지로 부자연스럽다. '춤'이라는 순우리말에 너무 집착할 필요가 없다.

입무는 『조선미인보감(朝鮮美人寶鑑)』이라는 책에 기생의 기예 55종을 열거하는 가운데 등장한다. 이 책은 1918년에 출판업자 지송욱(池松旭)이 편찬한 것이다.* 편자는 서문에서 "조선 전도(全道) 미인의 사진과 기예(技藝)와 이력을 수집하고 조선 언문과 한문으로 서술한 책"이라고 발간 경위를 밝힌다. 여기서 미인(美人)은 기생을 의미한다.

〈매일신보〉는 1914년 1월 28일부터 1914년 6월 11일까지 예술인 100명을 취재하여 소개한 연재기사 '예단일백인'을 실었다. 예단의 100명 중 92명이 기생이었다. '입무'는 여기에도 등장하는데 기생들이 자신의 기예를 자랑하는 대목이다.

그런데 '입무'는 어떤 춤일까? 『조선미인보감』에 의하면 기생의 기예 중에는 입창(立唱)과 좌창(坐唱)도 포함되어 있다. 입창은 서서 노래 부르는 선소리이며, 좌창은 앉아서 노래 부르는 앉은소리이다. 입무를 이런 식으로 이해하면 서서 추는 춤이 될 것이다. 그런데 춤은 대개 서서 추는 것이니, 입무를 선 춤으로 이해하면 안 된다. 입춘(立春)과 입추(立秋)는 봄과 가을에 들어서는 날이다. 이처럼 입무는 춤에 들어설 때 배우는 기본적 기술을 사용하는 춤이다. 승무와 태평무에는 특정한 주제가 있고, 검무와 고무는 특정한 도구를 활용하여 춤을 춘다. 반면 입무는 특정 주제를 표현하지도 않고, 특정한 도구를 사용하지 않는다. 조선무용에는 여러 가지 기법들이 있으며, 조선무용에 입문하는 사람들은 먼저 그런 기법을 배운다. 어떤 주제나 형식에 얽매이지 않고, 조선무용의 기법들을 자유롭게 구사하는 즉흥무가 입무이다.

---

* 최식, 「『조선미인보감(朝鮮美人寶鑑)』의 편자와 서술방식」, 『민족무용』 8권, 한국예술종합학교 세계민족무용연구소, 2005, 86쪽.

입무는 지루하고 무의미하다

조선 말기부터 20세기 초에 일본인이 조선을 탐방하고 남긴 조선견문기는 100종이 넘는다. 그중 기생의 무용을 보고 감상을 기록한 자료는 10개 정도이다. 시노부 준페이(信夫淳平, 1871~1962)는 외교관이다. 그는 1897년 경성 영사관보 자격으로 약 3년간 조선에 체류하고 돌아가 조선의 제도와 풍습을 기록하여 『한반도』(韓半島, 1901)라는 책을 출간하였다. 그 책에 조선무용을 관람하고 나서 소감을 적어 놓았다. 이것은 조선 말기의 조선무용에 대한 최초의 그리고 유일한 기록일 것이다.*

> 기생의 무도는 단순무미하며 전혀 감복시키지 않는다. 무도의 종류는 너무나 적은데 내가 수십 회 이상 조선 연회에서 본 무도는 합해서 겨우 다섯 종류에 지나지 않는다. 입무(立舞), 남무(男舞), 검무(劍舞), 격구(擊毬), 그리고 연무(蓮舞)뿐이다. 입무란 두 사람의 기생이 그냥 바로 선 채로 양손을 옆으로 펼치고 두세 걸음 이내의 공간을 앞으로 걷거니 뒤로 걷거니 할 뿐 어떤 기예도 없고 의미도 없다.

그 일본 외교관은 조선무용을 한두 번이 아니라 수십 번을 보았다고 한다. 그러면서 조선무용은 종목이 너무 적고 대표 작

---

* 허연희, 「일본인의 조선견문기에서 읽는 기생무용과 그 평가」, 『영남춤학회지』 2권 2호, 영남춤학회, 2014, 37-38쪽.

품은 입무, 남무, 검무, 격구, 그리고 연무라고 한다. 격구는 포구락(抛毬樂)이며, 연무는 학무(鶴舞)를 가리킨다. 입무에 대해 그 일본인은 동작이 평사위로 왔다 갔다 하면서 단조롭고 어떤 난이도 높은 기예도 없고, 아무런 의미도 없다고 평가한다. 이것은 그 당시의 입무에 대한 정확한 기술이며 평가라고 필자는 생각한다. 입무는 기본 기술을 조합하여 추는 춤이어서 고난도의 기예도 없고, 짜임새도 주제도 없고, 감정도 불러일으키지 않는 무감동의 의미 없는 춤이었던 것이다.

입무는 발전한다

한말 그리고 20세기 초반의 입무는 극장 무대 작품으로 발전한다. 근대 이전 전통연희가 연행되었던 공간은 주로 자연을 배경으로 한 야외무대였다. 개화기에 들어와서야 실내 극장이 생겨났으며, 그 이전에는 공연예술이 야외에서 연희되었다. 광무대는 전통연희를 공연하는 실내 극장이다. 1907년 5월 말부터 동대문 전기창에 부속되어 있던 활동사진소 내의 연극장이 '광무대'라고 불리면서, 광무대는 영리를 목적으로 한 전통연희와 영화를 흥행시키기 시작하였다.* 광무대의 공연 목록은 잡가, 판소리, 각종 민속 무용, 민요창, 날탕패(捺蕩牌) 놀이, 무동패 놀이, 재담 등의 '전통연희'와 활동사진이나 환등 등으로 구성되었다. 날

* 이주영, 「광무대 연구-제국의 시선으로부터 비껴간 근대 극장」, 『한국연극학』 제48집, 한국연극학회, 2012, 197-224쪽.

탕패는 1907년 이후 서울에서 명성을 떨쳤던 평양 출신 선소리패이다. 관객들은 광무대에서 전통의 연행물과 근대적 시각물을 다 즐겼다. 광무대는 1908년 9월 들어서 흥행업자 박승필이 인수하여 전통연희 전용 극장으로 운영되었다.

최초의 실내 극장은 1902년에서 1906년에 존재했던 희대(戲臺) 또는 협률사이다. 고종이 광무 6년(1902년) 즉위 40년을 기념하는 칭경예식(稱慶禮式)을 경성에서 거행하기로 하고 동서양 각국 군주에게 초청장을 보냈는데 그 귀빈의 접대를 위하여 실내 소극장을 건설하였다고 최남선은 기술했다.* 이 극장이 희대이며 그것을 운영하는 기관이 협률사이다. 희대는 봉상시(奉常寺) 구내(지금 서울 종로구 새문안교회 자리)에 있었으며, 로마의 콜로세움처럼 벽돌로 동그랗게 만들었고, 규모는 2층이며 500명을 수용한다. 협률사는 기생과 재인(才人)을 뽑아서 예희(藝戲)를 연습하게 하였다. 희대는 일반명사이지 고유명사는 아니다. 민간에서는 봉상시 내의 희대를 소춘대(笑春臺)라고 불렀다. 소춘대 공연을 준비하고 관람료와 관람법을 제정한 주최는 협률사(協律社)였다.** 협률사는 소춘대가 꾸려지기 전에 세 차례나 공연자를 모집했다. 희대, 협률사의 공연은 누구나 돈을 내면 볼 수 있었다. 1902년 개관 후 첫 공연에는 1등석이 1원, 2등석이 70전, 3등석이 50

---

* 권도희, 「대한제국기 황실극장의 대중극장으로의 전환 과정에 대한 연구-희대·협률사를 중심으로」, 『국악원논문집』 제32집, 2015, 98쪽.

** 권도희, 위의 글, 108쪽. 협률사는 민간인 공연자를 모집할 때에는 協律社라고 썼고, 관기를 모을 때는 協律司라는 말은 썼던 것으로 보인다.

전이었다. 일제시대에 설렁탕 1그릇이 30전, 막노동 일당이 1원, 학생 1개월치 하숙비가 15원에서 30원이었다니 입장료가 어느 정도 가치인지 대충 짐작할 수 있다. 실내 극장에서 상품으로 공연되면서 입무는 더욱 재미있게 더욱 감동을 주도록 발전한다. 동작이 다양해지고, 고난도의 동작도 도입되고, 수건이나 소고를 끼워서 더욱 흥겹게 변화한 것이다.

입무에는 여러 가지 유파가 있다. 그것들 중 어떤 것은 초기의 19세기 말, 20세기 초반의 입무처럼 단조로운 상태에서 별로 벗어나지 않는 것도 있고, 어떤 것은 살풀이춤이나 승무처럼 성숙한 작품으로 발전했다. 1930년대 초반 심화영은 청진 권번에서 소리기생으로 활동했다. 청진 권번에서 가르치는 입무는 굿거리춤이라고 불렀는데, 춤사위가 매우 단조로웠다고 증언한다.* 반면 가장 발전한 입춤은 이매방류 입무이다.[5]

입무의 장단은 굿거리장단이다. 굿거리장단은 또박또박 끊기는 4개의 박자로 구성되어 있어서 무용수들이 동작을 박자에 맞추기 편하다. 굿거리장단이 두배로 빨라지면 자진모리장단이다. 자진모리는 굿거리와 장단의 구조는 동일한데 속도만 빠른 것이다. 보통 입무는 느린 4박자와 빠른 4박자의 장단으로 구성되어 있다. 장단은 강-약-약강-약으로 변화한다. 첫 박과 세 번째 박자에 무용수는 호흡을 들이마시며 신체를 팽창하게 하고, 두 번째와 네 번째 박자에 호흡을 내쉬면서 몸을 움츠린다. 첫

---

* 성기숙, 「입춤의 생성배경과 류파에 따른 전승맥락 연구」, 『한국무용연구』 14권, 한국무용연구학회, 1996, 54쪽.

박과 세 번째 박에 강세가 놓이는데 첫 박이 더 세다. 이것을 이매방은 대삼소삼(大衫小衫)이라고 부른다. 대삼소삼에서 삼(衫)이 무슨 뜻인지 명확하지 않아 대삼소삼(大三小三)이라고도 한다. 대삼소삼이 분명한 춤은 동작들이 잘 분절되어 발음이 또렷한 말을 듣는 듯하고, 대삼소삼이 불분명한 춤은 입을 적게 벌리고 우물우물 말하는 듯 답답하다.

이매방류 입무는 도(道)를 표출한다

이매방의 입무는 대삼소삼이 가장 선명하다. 첫 박자에서 무용수들은 숨을 흠뻑 들이마시며 몸을 위로 솟구치고 팔을 죽 편다. 그리고 두 번째 박자에서 숨을 내어 쉬며 무릎을 굽히고 팔을 움츠린다. 세 번째 박자와 네 번째 박자에서도 강약의 순환을 반복한다. 이런 강세의 변화는 음양의 순환이다. 들숨으로 몸을 크게 하는 것은 양이며, 날숨으로 몸을 작게 하는 것이 음이다.* 이매방의 입무는 다른 유파에 비해 강약이 규칙적이며 선명하게 교대하여, 무용수의 동작이 마치 파도가 밀려오는 듯하다. 이런 음양의 순환이 이매방 입무의 가장 큰 매력이다. 달은 차면 이지러지고, 인생에는 성공과 좌절의 부침이 있다. 음양의 순환은 자연과 인생의 도(道)이다. 너울너울 물결치는 춤을 보며 관객은 은연중 자연과 인생의 도를 느끼게 된다. 도는 서양철학의 용

* 백경우, 「음양관점에서 본 이매방 입춤의 유수적 유동미에 관한 연구」, 『우리춤연구』 제20집, 우리춤연구소, 2013, 62쪽.

이매방류 입춤

어를 사용하면 존재의 진리이다. 이매방의 입무는 호흡하며 하늘로 솟구치고 대지로 떨어지는 등, 몸 전체를 오르내리는 동작 구성으로 존재의 진리를 동작 속에 건설한다.

박금슬의 굿거리춤, 백년욱의 수건춤, 강선영의 즉흥무

조선무용은 손에 도구를 들고 추면 도구를 춤의 이름으로 사용한다. 손에 수건을 들면 수건춤, 칼을 들면 칼춤, 장고를 메면 장고춤, 북을 치면 북춤이다. 박금슬(朴琴瑟. 1925~1983)의 입무는 굿거리장단에 맞추어 맨손으로 춤을 춘다. 그래서 굿거리가락 맨손춤이라고 한다.*6 이 춤은 어려운 동작 없이 기본동작만으로 연결되어 있고, 대삼소삼의 대조가 이매방의 입무만큼 강

* 허순선, 「박금슬의 입춤 연구」, 『한국무용교육학회지』 제19집 제1호 통권 제29호, 한국무용교육학회, 2008, 73쪽.

렬하지 않아 초기의 입무에 가깝다.

박금슬은 이왕직아악부(李王職雅樂部) 출신의 정소산(鄭小山, 1904~1978)에게 조선무용을 배웠다. 일본이 조선을 병합한 후 조선의 왕실은 이왕가(李王家)로 격하되었다. 일제가 조선 왕실을 이왕가로 부르는 이유는 고종과 순종이 일본 천황으로부터 왕(王)의 작위를 받았기 때문이다. 이는 일제에 의해 공(公)의 작위를 받은 이희공(李憙公)과 이강공(李堈公)의 가문을 공가(公家)라 하는 것과 같다. 일본 천황은 고종과 순종에게 왕의 작위를 수여하여 고종을 덕수궁이태왕(德壽宮李太王)으로, 순종을 창덕궁이왕(昌德宮李王)으로 봉작하였다. 이왕직(李王職)은 이왕가의 업무를 관장하는 직관(職官)이라는 의미이다. 조선의 왕조는 1910년 한일병합과 함께 사라진 것이 아니라 일제가 1945년 패망할 때까지 일본 천황가의 일원으로 존속하였다. 이왕직아악부는 이왕가의 음악과 무용 업무를 관장하는 기관이다. 그것은 조선 왕조의 장악원, 지금의 국악원에 해당하는 기관이다. 정소산은 19세에 이왕직아악부에 들어가 정재를 배웠고, 23세에는 한성준에게 승무를 전수받았다.* 박금슬은 1943년 9월부터 1946년 5월까지, 대구 달성 권번에서 춤을 가르치던 정소산을 서울로 초청하여, 5~6명의 연구생과 함께 춤을 배웠다.**

대구광역시 무형문화재 제18호 수건춤(2015년 지정)은 정소산류이며 예능 보유자는 백년욱이다. 박금슬과 백년욱은 모두

---

* "9월의 대구문화인물 무용가 정소산", 〈월간 대구문화〉 블로그, 2017.08.23.

** 허순선, 앞의 글, 67쪽.

정소산의 제자이며, 박금슬의 굿거리춤과 백년욱의 수건춤은 입무에 해당한다.[7] 그런데 두 춤은 상당히 다르다. 박금슬의 입무가 기본무에 충실하다면, 백년욱의 수건춤은 반주음악에 귀곡성을 섞어 전체적 정서는 살풀이춤 같고 후반부에 연풍대를 포함시켜 동작이 화려하다. 그리고 작품 중반에 무용수가 자리에 앉아서 바닥에 떨어진 수건을 입에 물고 일어나는 동작이 들어 있다. 이것은 기방무용의 흔적이다.

강선영은 한성준으로부터 입무를 전수받았는데 그것을 즉흥무라고 부른다.[8] 강선영은 입무의 본질을 즉흥성이라고 보고 입무를 즉흥무라고 부르는 것이다. 강선영의 즉흥무는 반주에 살풀이춤의 귀곡성이 섞여 나오고 앉음 사위도 들어 있어 백년욱의 수건춤처럼 살풀이춤의 분위기이다.

박금슬은 6·25 전쟁 때 부산으로 피난 왔다. 1951년 부산에 박금슬 무용연구소를 열었고 부산 성남여고에서 무용을 가르쳤다. 1951년 4월에는 부산문화회관에서, 그리고 1951년 8월에는 부산 해병대 강당에서 무용 발표회를 개최하였다. 작품은 검무, 승무, 살풀이춤, 〈탑돌이〉, 〈너와 나〉, 〈시골 풍경〉, 〈풍성한 날〉 등이다. 앞의 세 작품은 전통 조선무용이고, 뒤의 네 작품은 전통 조선무용을 현대화한 작품인 듯하다.

최희선류 달구벌 입무는 대구의 정서를 표출한다

최희선(1929~2010)은 권명화와 함께 박지홍으로부터 조선무용을 배웠다. 태어난 곳은, 2007년 경향신문 인터뷰에는 경북 상주라고 적혀 있는데, 2021년 영남일보 기사에는 대구라고 한다.* 어쨌든 그녀의 집은 대구의 약전 골목에 있었는데, 이곳에는 기생들의 춤, 음악 교육을 담당했던 달성 권번이 있었다. 10대 후반 최희선은 전남 나주 출신 달성 권번의 춤 선생인 박지홍을 만나 살풀이춤, 검무, 입춤 등 전통춤을 배우기 시작했다. 1945년 광복 이후 최희선은 서울에 있는 최승희의 제자 장추화가 운영하는 무용연구소에서 춤을 배웠고, 조용자에게서 발레를, 한영숙으로부터는 전통춤도 배웠다. 1950년 6 · 25 전쟁이 일어나자 최희선은 다시 대구로 내려와 박지홍에게 무용을 배웠다. 그러면서 대구의 청구대학(현 영남대) 국문과를 다녔다. 이것은 당시 무용가에게 드문 일이었다. 최희선은 1961년 서울로 올라가 1962년 창단된 국립무용단에 들어갔고, 1973년에는 국립무용단 지도위원이 되었다.

1988년 달구벌전통무용연구회를 조직한 최희선은 고향 대구의 춤을 전승하는 데 집중한다. 그녀는 박지홍으로부터 배운 입무에 대구의 정서를 섞어 '달구벌 입춤'을 창작하였다. 이 춤은 '달구벌 수건춤', '달구벌 허튼춤'이라고도 불린다. 작품은 굿거리(84장단)-자진모리(91장단)-굿거리(19장단)으로 구성되어 있다. 느린 장단에서 빠른 장단으로 다시 느린 장단으로 돌아오는 3부 구조는 현대 조선무용이 일반적으로 갖추는 구성이다. 춤은 맨손으로 시

* 유인화, "최희선, 춤은, 내 밥 묵는 것과 같아요", 〈경향신문〉, 2007.09.20; 최미애, "[인물로 보는 대구문화 아카이브 (13) 최희선] 뚝배기 같은 여인의 멋을 가진 '달구벌 입춤'으로 전통 맥 이은 '舞人'", 〈영남일보〉, 2021.06.28.

작하여 가슴 앞쪽에서 수건을 꺼내 흔들며 추다가 수건을 허리에 묶고 소고를 들고 추고, 마지막에는 수건을 풀어 바닥에 놓고는 입으로 물어 들어 올린다. 수건을 입으로 물고 드는 동작은 강렬한 성적 암시를 풍겨 기방무용에서 가끔 활용한다.

2007년 경향신문 인터뷰에서 최희선은 이렇게 말한다. "달구벌 입춤을 출 때는 '달구벌'이라는 지명이 어떻게 형성됐는가를 생각해야죠. 경기지역 춤은 아름답고 풍물이 있는데, 대구의 지명을 내걸고 추는 달구벌 춤은 투박하고 뚝배기 같은 여인의 멋, 즉 내면의 강함을 통한 멋으로 희비애락을 나타냅니다. 달구벌은 푸른 언덕이라는 뜻이니 고단한 여인의 삶 속에서도 그 정신을 잘 새겨 추는 춤이어야 한다는 것이죠." 최희선은 새로운 동작을 만드는 것보다 더욱 중요한 것은 춤이 이념을 구현하도록 하는 것이라고 생각한다. 달구벌 입무에는 일반적 입무의 성격 외에 대구의 정신을 넣어야 한다는 것이다.

지역의 정서를 무용에 넣고자 하는 과제는 어릴 때부터 춤만 추었던 보통의 무용가들이 생각하기 어렵다. 일반 무용가들은 동작을 아름답게 또는 새롭게 만드는 데 전념하지, 춤에 이념을 입힐 생각을 하지 못한다. 최희선은 대학에서 국문학을 전공하면서 춤을 배웠기에 그런 사고를 할 수 있었을 것이다.

달구벌 입무의 몇 가지 동작은 대구의 정신 또는 영남의 정서를 표출한다.[*9] 첫째, 발을 크고 투박하게 내딛는 디딤과 바닥

---

* 이종희, 「최희선류 〈달구벌 입춤〉 춤사위에 내재된 특징적 요소 고찰」, 『대한무용학회논문집』 제76권 제6호, 대한무용학회, 2018, 193-195쪽.

을 찍어 지숫는(호흡을 들어올림) 디딤은 무뚝뚝한 대구 사람의 정서를 표출한다. 둘째, 일정하게 너울거리듯 너털거리듯 내딛는 평발은 투박한 대구 사람의 특성을 담고 있다. 셋째, 소고 사위의 엇박은 신명을 자극하여 겉으로는 차가우나 내면에서는 뜨겁고 자상한 마음을 표현한다.

부산 입무의 창조적 발굴

권번이 있는 곳에는 입무가 있다. 기생들이 입무를 배우며 춤에 입문하기 때문이다. 동래 권번의 굿거리춤이 부산의 입무이다. 그것은 굿거리장단에 수건을 들고 추다가 자진모리장단으로 넘어갈 때 수건을 허리에 매고 소고를 들고 추는 구성이다. 동래 권번 계열의 굿거리춤은 최수악, 강남원, 이연숙, 난홍 등이 잘 추었다고 한다. 그러나 전승은 단절되었다. 동래권번 출신 기생이나 무용 교사들에게 그 춤을 배우지 않았다면 지금 와서 발굴하기는 어려울 것이다. 그렇다고 희망이 없는 것은 아니다. 전통의 발굴에는 전승적 발굴 외에 창조적 발굴이란 방법이 있다. 과거에 존재했던 춤을 원형대로 부활하는 것이 아니라, 과거에 존재했으리라 짐작하는 춤을 구성하여 현대의 이념을 입히는 것이 창조적 발굴이다. 창조적 발굴의 모범을 최희선의 달구벌 입무가 잘 보여주고 있다.

신무용

이제 신무용(新舞踊)은 너무 의미가 넓어서 그 명칭은 효용성을 상실했다. 말이란 특정한 것을 지시해야 말을 발화하거나 듣는 사람이 말을 통하여 무언가를 마음속에 떠올릴 수 있다. 그러나 우리나라에서 신무용이라는 단어는 너무나 다양한 의미로 쓰이고 있다. 신무용은 한국 무용사에서 특정한 시기의 무용을 의미하기도 하고, 서양의 발레나 현대무용을 가리키기도 하고, 새로운 스타일의 무용을 말하기도 하고, 전통무용에 서양무용의 기법과 이념을 넣은 무용을 뜻하기도 한다. 이렇게 신무용이 너무 외연이 넓기 때문에 그 말을 듣는 사람은 신무용이 무엇을 가리키는지 알 수 없다.

일본에서 신무용은 전통무용의 개혁이다

신무용의 말뜻은 새로운 무용이라는 뜻이다. 신무용의 개념은 무용 또는 구무용이라는 개념과 대립하면서 성립한다. 무용

(舞踊)이라는 말은 서양의 댄스라는 용어를 번역하면서 1893년 일본에서 처음 생겼다.* 무용이라는 개념이 존재하기 전에도 춤은 세계 어디서나 존재한다. 그러나 중국이나 조선에서는 춤을 무(舞)라고 불렀지, 무용이라는 용어는 없었다. 일본에서 무용이 댄스에 대한 번역어로 자리 잡으면서 무용은 일본의 전통무용과 서양에서 들어온 발레나 현대무용을 모두 가리키게 되었다.

일본에서 신무용은 일본의 전통무용을 개혁하자는 신무용 운동에서 나왔다. 신무용운동은 서양무용을 영향을 받아 일본 전통무용의 동작이나 구조를 개량하자는 요구인 것이다. 쓰보우치 쇼요(坪内逍遙, 1859~1935)는 1904년에 출간한 『신악극론(新樂劇論)』에서 일본의 전통 무용도 세계적인 무용이 될 수 있다는 점을 깨닫고, 이를 위해서 과거의 무용이 안고 있던 문제를 해결하기 위해 신무용운동을 제창(提唱)하였다.** 신무용운동은 계속 발전하여 현재 일본 신무용 유파는 일이백 개라고 한다.

일본에는 신무용운동만 있는 것이 아니다. 일본의 전통무용을 유지하고 계승하는 주장도 있다. 일본의 전통무용을 신무용에 비춰 보면 전통무용에 대한 새로운 개념이 생긴다. 그것은 일본무용(日本舞踊)이다. 일본무용은 일본의 무용이 아니다. 일본의 무용은 일본에서 공연되는 모든 무용을 의미하기 때문이다. 일본의 무용에는 전통무용뿐 아니라 발레나 현대무용도 포함된다.

---

* 남성호, 「근대 일본의 '무용' 용어 등장과 신무용의 전개」, 『민족무용』 제20호, 세계민족무용연구소, 2016, 99-125, 17쪽.

** 남성호, 위의 글, 15쪽.

반면 일본무용은 일본의 전통무용을 의미한다.

한국의 신무용

최근 우리나라에서 신무용의 개념을 정리한 훌륭한 논문이 발표되었다. 그것은 이종숙의 2017년 논문이다.* 이 논문에서 저자는 〈매일신보〉, 〈동아일보〉, 〈조선일보〉 기사로부터 무용과 신무용이란 단어가 어떤 의미로 쓰이고 있는지를 조사한다. 그 연구에 따르면, 한반도에서 무용이라는 용어는 1913년 10월 7일 〈매일신보〉에서 처음 등장한다. 이 기사에서는 일본인 예기(藝妓)의 춤을 무용이라고 하였지만, 그다음의 기사들에서는 조선 기생의 춤, 그리고 이탈리아 춤도 무용이라고 불렀다. 〈매일신보〉에서 무용은 일본에서처럼 전통춤, 서양 춤 등 모든 춤을 지시한다. 〈동아일보〉는 1920년, 〈조선일보〉는 1927년부터 무용이라는 단어를 사용하기 시작한다. 그것의 의미는 〈매일신보〉와 거의 같다.

김동환의 조선무용진흥론
근대 일본의 무용 용어 등장과 신무용의 전개

우리나라에서 신무용 운동은 김동환(金東煥, 1901~?)이 처음으로 제창했다. 그는 1927년 8월 17일과 19일 〈동아일보〉에 발

* 이종숙, 「'무용(舞踊)', '신무용(新舞踊)' 용어의 수용과 정착-〈매일신보〉, 〈동아일보〉, 〈조선일보〉 기사를 중심으로」, 『무용역사기록학』 제46호, 2017, 9-35쪽.

표한 「조선무용진흥론(朝鮮舞踊振興論)」에서 풍년무(豊年舞)나 종식무(種植舞), 검무 같은 것을 야생성이 있는 군무로 개선하여 공동체에 유용하게 만들자고 주장하였다.* 풍년무란 가을 추수 후에 풍년을 경축하는 농악 같은 풍물놀이 부류이고, 종식무는 씨를 뿌리면서 추는 춤으로, 밀양 백중놀이 같은 부류의 민속무용이다. 그리고 검무는 조선의 중앙과 지방의 관청에서 연행하던 관아(官衙) 무용이다. 김동환은 민간과 관아의 조선무용을 개량하여 인민의 상무적 기상을 함양하는 데 활용하자고 주장한다. 그의 조선무용진흥론은 일본의 신무용운동과 이념은 비슷하다. 그러나 김동환은 신무용의 이념은 제시하였지만, 신무용이라는 용어는 사용하지 않았다.

신무용이라는 용어는 1931년 〈조선일보〉에서 독일 무용가 마리 비그만(Mary Wigman)을 소개하는 기사에 처음 등장한다. 기사의 제목은 「소리 없는 신무용」이다. "음악이 없더라도 무용은 훌륭히 성립한다는 원칙 하에 (…) 비그만 양은 백여 개의 솔로 댄스와 50여 개의 집단무용을 창작하였는데, 비그만 양이 신무용을 발표한 것은 사 년 전이었으나 한 사람도 돌아보는 이 없이 전연(全然)히 무시되었다."** 마리 비그만은 무용을 음악으로부터 독립시켜 독자적 예술로 만들기 위해 음악 반주가 없이 동작의 연결만으로 작품을 만들었다. 이 새로운 무용 형식을 신문 기사에서 신무용이라고 부른 것이다. 여기서 신무용은 새로운 형식의

* 이종숙, 위의 글, 16쪽.

** 이종숙, 위의 글, 25쪽.

무용이라는 의미이다. 지금은 마리 비그만의 무음악(無音樂) 순정무용(純正舞踊)을 현대무용이라고 부른다. 그러나 일제 시절 조선반도에서는 현대무용이라는 용어는 사용되지 않았다.

1926년 3월 21일 일본 무용가 이시이 바쿠(石井漠, 1887~1962)는 경성공회당에서 서양의 현대무용 작품을 공연한다. 그의 작품은 안무가의 자의식을 분명히 표출하며, 동작도 일본의 전통적 신체 이해에서 벗어난 자유로운 운동이다.* 이런 점에서 이시이 바쿠의 춤은 서양 현대무용 부류의 신무용이다.

평론가 오병년(吳炳年)은 1937년 9월 〈조선일보〉에 기고한 글에서 조선의 신진 무용가를 소개한다.** 오병년은 배구자(裵龜子, 1905~2003)가 자신의 작품을 신무용이라고는 칭하지만 사실은 오락이라고 낮게 평가한다. 오병년에 따르면 신무용은 예술성과 창작성을 내포해야 한다. 오병년은 이 기준에 맞는 신무용을 박영인, 최승희, 조택원에게서 발견한다.***

최승희의 신무용

이시이 바쿠의 공연을 보고 최승희(崔承喜, 1911~1969)는 그

---

* 박난영·전은자, 「이시이바쿠의 작품에 나타난 안무체계 연구-〈수인〉, 〈실념〉, 〈하얀 손장갑〉을 중심으로」, 『대한무용학회논문집』 제70권 제2호, 대한무용학회, 2012, 124쪽.

** 이종숙, 앞의 글, 27-30쪽.

*** 박영인은 울산에서 태어나 부산중학교를 졸업하고 동경제국대학에서 미학을 전공했다. 그는 대학 시절 이시이 바쿠에게 무용을 배웠다.

를 따라 일본으로 가서 무용을 배웠다. 다음 해 1927년 10월 이시이 바쿠의 경성 공연에서 최승희는 5개의 작품에 출연했다. 그 중 〈세레나데〉라는 작품에 대한 평이 〈동아일보〉에 실려 있다. "고운 멜로디가 유량하게 흘러나오듯, 고운 바람이 맑은 물을 흔들 듯, 유달리 아름다운 육체미를 가진 곡선과 곡선에서 흘러나오는 리듬…." 이 묘사로 보아 세레나데는 개인의 감정을 표현하는 현대무용 계열의 신무용인 듯하다. 1929년 최승희는 경성으로 돌아와서 무용연구소를 설립하고, 이듬해 경성공회당에서 제1회 무용발표회를 열었다. 작품 중 〈사랑의 춤〉과 〈괴로운 소녀〉는 1930년 2월 5일 〈동아일보〉에 평이 실려 있다.

> 제 이부의 첫째 것 「사랑의 춤」은 「에로틱」한 표정밖에 봐줄 것이 없었다. 셋째의 「괴로운 소녀」는 그 의상(衣裳)으로 보든지 그 어깨로부터 손끝에 물결쳐 흐르는 「델리케이트」한 「리듬」으로 보든지, 하지(下肢)의 고아(高雅)하고 정적(靜的)인 움직임으로 보든지, 조선정조(朝鮮情調)가 가장 많이 나타난 것임을 누구나 앙탈하지 못할 가작(佳作)이다.

이 평을 보면 〈괴로운 소녀〉에서 최승희는 조선옷을 입고 있다는 것과 하체 동작이 땅에 붙어 있듯 조용히 움직이는 조선무용의 보법을 사용하고 있다는 점을 알 수 있다. 그래서 평자는 〈괴로운 소녀〉가 조선 정조를 잘 드러내고 있다고 평가한 것이다.

최승희 승무(출처 한국무용사전)

1933년 봄에 다시 동경으로 돌아간 최승희는 이시이 바쿠로부터 조선적인 춤을 만들라는 조언을 받았다. 마침 조선무용의 대가 한성준이 방송차 동경에 왔던지라 그에게 직접 승무와 같은 조선무용을 배웠다.* 같은 해 5월 동경에서 개최된 여성무용경연대회에서 최승희는 〈에헤야 노아라〉라는 흥겨운 조선무용풍의 춤으로 주목받았다. 이에 힘입어 최승희는 1934년 동경에서 첫 무용발표회를 열었다. 〈검무〉, 〈승무〉, 〈에헤야 노아라〉 등 15개의 작품들은 조선적 정조를 표현하거나 서정적인 춤이었다.

최승희의 무용은 두 가지 의미에서 신무용이다. 하나는 안무자가 개인의 감정을 자유롭게 표현한다는 점에서 현대무용 계열의 신무용이며, 다른 하나는 새로운 방식으로 조선적 정조를 표현한다는 점에서 신무용이다. 조선적 정조가 무엇인지는 분명하게 알 수는 없으나, 이런 부류의 무용은 조선무용을 개량한다는 의미에서 신무용의 범주에 포함되는 것이다.

최승희 신무용의 두 가지 의미 중 두 번째 것을 신무용의 의미로 채택해야 한다. 첫 번째 것은 서양 현대무용이다. 이것마저 신무용이라고 하면 신무용의 외연이 너무 넓어져서 쓸모가 없게 된다. 서정적 작품은 현대무용이라고 부르고, 새로운 기법이나 동작을 사용하더라도 조선 정조를 지키는 춤을 신무용이라고 불러야 하는 것이다.

1976년 12월 23일에 제작된 〈대한뉴스〉 제1114호는 국립극

---

* 심정민, 「방송 영상물로 조명된 최승희의 삶과 춤-아리랑TV 「무용가 최승희」를 중심으로」, 『영상문화』 19호, 한국영상문화학회, 2012, 228-229쪽.

장에서 열린 신무용 50주년 기념공연을 짤막하게 보여주고 있다.[10] 방송진행자는 국립과 시립 무용단 및 각 대학 무용 학생들이 참가하여 〈백의의 환상〉, 〈야월선경〉, 〈참회〉 등 20가지 무용을 선보였다고 말한다. 이때 화면은 활발하게 움직이는 새로운 스타일의 조선무용과 발레 작품을 영상으로 보여주고 있다. 이렇게 신무용이 새로운 조선무용과 서양무용을 다 의미하면 의미가 너무 넓어서 신무용이라는 개념이 한국의 무용을 이해하는 데 아무 기여도 할 수 없다. 그래서 필자는 신무용을 조선의 정조를 간직하면서도 조선무용을 개혁하는 춤이라고 의미를 좁히고자 한다. 이런 의미의 신무용은 신전통무용이나 조선무용 현대와 의미가 같다.

조택원의 신무용

조택원(1907~1976)의 〈가사호접(袈裟胡蝶)〉은 신무용이다. 이 작품은 부민관(경성공회당)에서 열린 제2회 발표회(1935년 1월 26~27일)에서 〈승무의 인상〉이란 제목으로 발표되었다. 이것은 나중에 시인 정지용(鄭芝鎔)의 권유로 제목이 〈가사호접〉으로 바뀌었다. 조택원도 최승희처럼 이시이 바쿠의 제자이다. 이시이 바쿠는 두 사람에게 너희는 조선 사람이니 조선춤을 창작해야 한다고 충고했다. 최승희는 처음에 천한 기생춤을 어떻게 출 수 있겠느냐고 부정적 반응이었으나, 조택원은 긍정적으로 받아들

였다. 조택원은 다음과 같이 말한다.*11

> 귀국해서 나는 승무를 배웠다. 김백옥이라는 기생이 당시 승무를 잘 추어 그에게서 배웠다. 그때 나는 광대나 기생들이 추는 승무를 여러 번 보았는데 너무 잡스럽다는 느낌을 가졌었다. 웃으면서 추기도 하였다. 형편없다는 분개심을 가졌다. 이것이 예술이 되려면 우선 자존심을 가져야 하고 나의 생각, 나의 해석이 들어가야 한다고 생각했다. 나대로의 해석을 붙여 창작한 것이 〈승무의 인상〉이였다. 이것이 나의 창작무용 1호이기도 하다.
>
> 그때는 조선무용이라는 말을 많이 썼지만 나의 이 창작무용(創作舞踊)은 신무용의 범주에 들어간다고 생각한다. 당시의 신무용은 옛날 춤을 현대화(現代化)한 의미로 쓰여졌다. 나는 한국의 옛날 춤을 그대로 춘 것이 아니라 내 사상으로 거르고 재구성했다.

〈가사호접〉은 승무에 대한 조택원의 새로운 해석이다. 그는 당시 승무에는 내용이 없고 동작의 나열밖에 없다고 비판하였다. 조택원은 불교의 종교적 기상이나 철학적 정신이 부각되지 못하고, 재주 부리기에 치중한 내면 결핍의 승무에 대한 반발로

---

* 배성한, 「〈가사호접(袈裟胡蝶)〉의 무도기록을 통해 나타난 작품 특징 연구」, 『한국무용기록학회지』 제11호, 한국무용기록학회, 2006, 29-30쪽.

〈가사호접〉을 만든 것이다.

조택원은 무용이라는 말을 싫어했다. 무용(舞踊)의 용(踊) 자는 뛴다는 의미이다. 그는 용 자 대신 '생각 상(想)' 자를 써서 무상(舞想)이라 불러야 한다고 말했다. 그는 춤이란 기교만 부리는 동작이 아니라 생각하는 춤이야 한다고 믿었던 것이다. 딸 조병헌의 회상에 따르면 조택원은 재주 부리는 테크닉은 서커스가 더 잘한다며 '생각하는 무용'을 해야 한다고 주장했다.*

〈가사호접〉의 음악은 대중음악(大衆音樂) 작곡가인 김준영(金駿泳)의 창작품이다. 반주음악은 피아노와 바이올린으로 연주되지만, 의상은 흰색 바지저고리에 장삼, 고깔, 가사(법의)이다. 작품 내용은 다음과 같다.

절에서 수도하던 승려가 속세를 동경하여 심산유곡을 버리고 사바세계로 내려온다. 이것은 승려가 가사를 내동댕이치는 것으로 상징된다. 속세가 너무나 즐거워 승려는 놀다 지쳐 쓰러진다. 마지막 장면에서 승려는 벗어 던진 가사를 다시 끌어안는다. 승려는 인생무상을 경험하고 불교에 귀의하는 것이다.

조택원 스스로 〈가사호접〉은 '옛날 춤을 현대화(現代化)한 의미'에서 신무용이라고 생각하고 있다. 이 작품의 신무용적 성격은 크게 세 가지로 요약할 수 있다. 첫째, 팔 동작은 서양의 현대무용 동작이지만, 발동작은 조선무용처럼 바닥에 가까이 붙어서 움직이는 대지성(大地性)을 간직하고 있다. 둘째, 반주음악은 서

---

* 김태완, "춤은 '생각하는 춤'이어야… 무용(舞踊) 대신 무상(舞想)으로 써야", 〈월간조선〉, 2018.04.05.

양 악기로 연주하나, 의상은 조선무용의 전통의상을 입고 있다. 셋째, 기교에 치우치는 조선무용의 정신적 결핍에 반발하여 현대무용의 특징인 사상을 작품에 도입한다. 〈가사호접〉은 조선무용을 개혁하는 춤이라는 점에서 신무용인 것이다.

김은이의 신무용

부산에도 훌륭한 신무용 작품이 나왔다. 그것은 2005년 11월 11일 부산문화회관 대극장에서 발표된 〈부산 아리랑〉이다. 이 작품은 국립극단 예술감독 이윤택이 대본을 쓰고, 동아대 교수 김은이가 안무하였다. 무용수들은 거의 다 동아대 무용과 재학생이며, 한두 명은 졸업생이다. 작품은 일제 시절 부산에서 살았던 윤정심이라는 여자의 비극을 다루고 있다. 그녀는 간호사인데, 일본인 약사 에비스 사이자끼와 결혼하여 부산에서 살았다. 태평양전쟁이 끝나자 에비스는 함께 가기를 원했던 윤정심을 버리고 일본으로 도망간다. 정심은 남편에게 배신당했다는 아픔과 일본인의 아내가 해방된 조선에서 살아갈 수 없다는 절망감 때문에 바다에 몸을 던져 자살한다.

이 작품은 조선무용의 동작과 국악기 반주를 음악으로 사용한다는 점에서 전통무용이다. 그러나 작품에는 새로운 춤들이 들어가 있다. 1막 3장에서 일본 사무라이 6인이 흰색 긴 원피스의 조선 여인 6인에게 폭력을 휘두르는 춤이라든지, 1막 3장의 코사크춤과 1막 4장의 만세춤은 조선무용의 동작이나 정서가 아니다. 이것들은 식민지 조선의 상황을 실감나게 표현하기 위해 안무자가 새롭게 창작한 것이다.

그리고 김은이는 조선무용이라 하더라도 그대로 추지 않고 특정한 사건의 맥락에 넣어 춤의 의미를 새롭게 부여한다. 2막 6장에서 도살풀이춤이 나온다. 도살풀이는 거의 추상 동작으로 구성되어 있어서, 무용수가 한을 수건으로 뿌린다고 하지만 무엇 때문에 어떻게 슬픈지 관객에게는 막연하기만 하다. 이런 추상성을 피하고 실질적 내용을 넣기 위해 김은이는 춤을 매우 구체적 사건 속에 배치한다. 이 대목에 관해서 필자가 예전에 쓴 글을 인용한다.*

> 에비스가 떠난 항구에서 윤정심(무용수: 한경미)은 분노와 슬픔의 춤을 춘다. 그 동작 중에는 긴 수건을 높이 머리 위로 치켜들었다가 다리 아래까지 일직선으로 내리는 것이 포함되어 있다. 만약 이 동작이 만약 아무런 맥락이 없는 데서 나왔다면, 관객은 어떤 막연한 느낌을 받을지언정 진정 가슴에 사무치는 정서의 교감은 가질 수 없었을 것이다. 그러나 배 떠난 항구에서 버림받은 여자가 추는 춤이기에, 하늘로 죽 뻗어 오르는 수건의 직선은 무한한 슬픔이 되고, 아래로 내려치는 수건의 낙하는 바다에 몸을 던지려는 단호한 결단이 된다. 이렇게 도살풀이춤의 추상성이 특정한 의미로 구체화되고, 그럼으로써 관객은 그

---

* 『예술부산』 Vol. 41, 부산예술문화단체총연합회, 2006, 72-73쪽.

동작에 공감하게 되는 것이다.

대본을 쓴 이윤택은 작가의 글에서 한국 무용계는 공허한 추상주의에 빠져 흐느적거리고 있다고 비판한다. 그의 지적은 지금의 조선무용 공연에도 여전히 타당할 것이다. 조선무용은 무언지 알 수 없는 모호한 동작으로 기교만 부리고 사상은 없는 공허한 무용으로 전락하고 있다. 공허한 조선무용을 새롭게 개혁하는 신무용운동이 다시 일어나야 한다.

정재(呈才)

전통무용은 크게 관아(官衙) 무용과 여항(閭巷) 무용으로 나뉜다. 관아 무용은 궁중이나 지방 관청 행사에서 연행하는 춤이며, 여항 무용은 민간의 행사에서 연행하는 춤이다. 여항 무용은 기록이 매우 적은 반면, 관아 무용은 악학궤범이나 의궤(儀軌) 같은 국가의 공식문서에 명칭뿐 아니라 반주음악, 그리고 춤의 절차가 자세히 기록되어 있다.

관아 무용을 정재(呈才)라고 한다. 정재는 엄밀하게 말하면 무용이 아니라 악장, 기악 그리고 춤이 통합된 가무악이다. 순조 무자년(1828년) 음력 6월 1일 효명세자(孝明世子, 1809~1830)는 모친 순원왕후(純元王后, 1789~1857, 순조비)의 40세 탄신을 축하하기 위하여 연경당에서 왕실 잔치를 열었다. 이 잔치는 향응 위주의 예연이므로 진작(進爵)이라고 부른다. 무자년의 진작에 정재 17개가 등장한다. 처음 왕과 왕비에게 휘건(揮巾)을 올릴 때 망선문(望仙門)을 연행한다. 휘건은 식사할 때 앞에 두르는 수건이다.

망선문 같은 정재를 감상하는 데 노래 즉 악장(樂章)은 역할이 아주 크다. 정재의 춤동작은 표현성이 적기 때문에 의미를 전달하는 데 매우 한계가 있는데, 악장은 이 한계를 극복하는 매우 효과적 서술 장치이기 때문이다. 정재 무용수도 악장을 읽음으로써 춤의 주제를 파악하고 어떤 느낌으로 추어야 할지 방향을 잡을 수 있다. 망선문의 악장은 다음과 같다.

丹霄九重閶闔通(단소구중창합통)	단소는 구중인데 창합으로 통해 있고
寶殿雲端天香近(보전운단천향근)	보전은 운단에 솟아 천향과 가까우니
這乘鶴仙子來(저승학선자래)	이제 학을 탄 신선이 내려올 것입니다.

망선문은 6명의 무용수가 춤을 연행한다. 4명은 부채로 문을 만들고 실제로 춤을 추는 사람은 둘이다. 춤을 추다가 멈추고 무용수들은 악장을 노래한다. 악장의 제1구는 상제가 사는 선계를 표현한다.* 선계는 창합문으로 인간세계와 내왕한다. 제2구는 국왕이 거처하는 인간세계의 대궐인데, 대궐은 선계와 향기를 맡을 수 있을 정도로 가까이 있다. 제3구는 선계의 선인이 인간 세상에 출현할 것이라고 말한다.

---

* 이의강, 「악장(樂章)으로 읽어보는 효명세자(孝明世子)의 '정재(呈才)' 연출 의식-순조조(純祖朝) 무자년(戊子年, 1828) 연경당진작(演慶堂進爵)의 경우」, 『한문학보』 제12집, 우리한문학회, 2005, 465쪽.

정재는 재주를 남에게 보여준다는 의미이다. 장사훈은 "정재를 헌기(獻技) 즉, 춤뿐만 아니라 모든 재예를 드린다는 것인데 차츰 궁중무의 대명사처럼 사용했다"고 설명한다. 그러나 이것은 정확하지 않다. 조경아는 세종 29년 『석보상절』에서 "정재는 재주를 남에게 보이는 것이니 놀이하여 남에게 보이는 것을 정재라고 한다"는 구절을 찾아내었다.* 보이는 것과 바치는 것은 차이가 크다. 정재를 남에게 보이는 것이라고 해석하면 관객의 지위 여부에는 별로 상관이 없지만, 정재를 바친다고 해석하면 관객이 공연자보다 지위가 높다는 의미가 들어간다.

정재는 악장과 음악, 그리고 춤이 통합된 예술 장르이다. 정재는 조선시대에 와서 본격적 장르 용어로 정착되었다. 고려사 악지 '당악' 항목에 헌선도, 수연장, 오양선, 포구락, 연화대의 춤의 절차, 음악, 악장이 기록되어 있다. 그런데 이들은 아직 정재라는 장르명으로 기록되지 않았다. 동일한 항목이 조선 성종대 『악학궤범』 권3(1493)에 수록될 때는 고려사 악지 '당악 정재' 항목으로 기록되었다. 그 다섯 작품을 포괄하는 상위 범주가 고려에서는 '당악'이었고, 조선에서는 '당악 정재'라고 좀 더 구체적으로 규정된 것이다. 『악학궤범』은 정재를 두 가지로 분류한다. 중국의 영향을 받아 당악을 반주음악으로 하는 정재는 당악 정재로, 고려의 악곡을 반주음악으로 하는 정재는 향악 정재로 나누는 것이다. 향악 정재는 고려사 악지에서 속악이라고 불렀다.

---

* 조경아, 「'정재(呈才)' 장르 명칭과 이칭의 역사」, 『민족무용』 제20호, 세계민족무용연구소, 2016, 48쪽.

속악과 향악은 같은 의미이다. 조선 후기 정재무도홀기와 각종 진연의궤, 진찬의궤에서도 『악학궤범』과 마찬가지로 악장, 반주 음악 춤이 결합된 연행물을 정재라고 했다.

효명세자는 조선 제23대 왕인 순조와 순원왕후 사이에서 태어나, 순조 27년 2월부터 순조 30년 5월 급서하기까지, 약 3년 3개월 동안 대리 청정(聽政)했다. 무자년(1828년) 음력 6월의 진작(進爵)은 대리 청정 기간에 일어난 연향이다. 진작은 술을 바친다는 뜻이다. 그래서 의전 절차 중 술을 올리는 단계가 행사의 절정이다. 이때 정재 춘앵전(春鶯囀)이 등장한다. 효명세자는 춘앵전이 가장 아름다운 춤이라고 생각하여 술을 올리는 의례에서 춘앵전을 배치하였을 것이다. 춘앵전은 독무이다. 지금까지 전래되는 정재는 50여 종인데 그중 독무는 2개밖에 없다. 춘앵전 외 독무는 무산향(舞山香)인데 무자년 진작에서 마지막, 열일곱 번째 등장한다.

『연감유함(淵鑑類函)』은 중국 청나라 강희제 49년(1710)에 130여 명의 학자가 펴낸 백과사전이다. 여기에 춘앵전에 관한 고사가 실려 있다. "당나라 고종(高宗)이 꾀꼬리 소리를 듣고, 악공(樂工) 백명달(白明達)에게 명하여 그것을 모사하게 했다고 한다. 돗자리를 펴고 무동 1인이 돗자리 위에 서서 나아갔다가 물러나고 선전(旋轉)하며 돗자리 위를 벗어나지 않고 춤춘다."*

효명세자는 중국 춘앵전의 고사를 수용하여 독무 춘앵전을

---

* 신하얀, 「조선 후기 궁중 정재에 나타난 홀 춤 연구」, 공주대학교 대학원 석사논문, 2012, 42쪽.

만들었다. 정재 춘앵전은 돗자리를 펴고 추는 1인무이다. 춘앵전의 춘(春)은 봄, 앵(鶯)은 꾀꼬리, 전(囀)은 지저귄다는 뜻이다. 이름을 염두에 두고 춘앵전을 보면 봄 꾀꼬리가 지저귀며 날아다니는 형상을 연상하게 된다. 무용수는 꾀꼬리를 상징하는 노란색의 앵삼(鶯衫)을 입고, 화관을 쓰고, 오색한삼(汗衫)을 양손에 끼고 꽃돗자리(花紋席) 위에서 혼자 춤을 춘다.

춘앵전

무용의 동작은 언어로 서술하기가 참 어려운데 춘앵전 무보에는 시적 묘사가 가득하다. 화전태(花前態)는 꽃 앞에서 아름다운 자태를 짓는다는 뜻이다. 실제 춤에서는 무용수가 양손을 등뒤로 돌려놓고 생글생글 웃으며 이리저리 움직인다. 화전태는 춘앵전에서 가장 우아하면서도 매혹적 동작이다. 과교선(過橋仙)은 선녀가 다리를 건넌다는 뜻인데, 실제 춤에서는 무용수가 양팔을 일자로 벌리고 좌우로 세 바퀴 돈다. 과교선은 매우 황홀하다. 정재의 무용수들은 춤추기 전이나 추는 중간중간 노래를 한다. 이것을 악장, 또는 창사라고 한다.

娉婷月下步(빙정월하보) 어여쁜 여인 달빛 아래 거닐다가
羅袖舞風輕(나수무풍경) 비단 소매 춤 추며 바람을 일으키네.
最愛花前態(최애화전태) 꽃 앞에 선 자태 어찌나 아리따운지
君王任多情(군왕임다정) 군왕께서 다감한 정을 주시네.

춘앵전의 악장은 봄을 맞아 꽃구경을 나온 아름다운 여인을 묘사한다. 꽃 앞에서 춤을 추며 고운 자태를 연출하는 여인의 모습이 너무나 아름다워 임금이 넋을 잃지 않을 수 없다는 것이다. 춘앵전이라는 제목을 고려하면 여인은 꾀꼬리일 것이다.

춘앵전 바로 다음에 이어지는 정재는 춘광호(春光好)이다. 춘광호의 악장은 다음과 같다.

瞳曈日出大明宮(동동일출대명궁) 환하게 태양이 대명궁으로 떠오른다.
天樂遙聞在碧空(천악요문재벽공) 천악이 저 멀리 푸른 하늘에서 들려온다.
禁樹無風正和暖(금수무풍정화난) 나무엔 바람 한 점 없이 따사로운데
玉樓金殿曉光中(옥루금전효광중) 옥루와 금전은 새벽 빛 속이라네.

이 악장은 며칠 연이어 내리던 비가 멈추고 활짝 개인 어느 봄날 풍경을 묘사한다. 비바람 몰아치며 변덕을 부리던 날씨가

화창하게 개인 봄날은 어떤 느낌일까? 춘앵전이 예쁜 봄꽃 위로 날아다니며 우는 아름다운 앵무새의 매력을 형상화한다면, 춘광호는 화창한 봄 날씨의 환희를 표현한다. 봄꽃과 꾀꼬리 소리, 맑은 날씨, 이런 것들은 누구에게나 다가오는 것이지만 그것을 경험하는 사람은 드물다. 옛날이나 지금이나 사람들은 현실의 문제에 골몰하여 자연이 이렇게 아름답다는 점을 잊고 살아간다. 춘앵전과 춘광호는 감상자에게 자연이 황홀하다는 점을 깨닫도록 한다. 사람들에게 존재의 진리는 대개 은폐되어 있는 것이다. 정재는 존재의 진리를 열어준다. 이런 점에서 정재는 예술이다.

선유악(船遊樂)은 여기(女妓)들이 화려하게 채색된 배(彩船)를 겹으로 둘러서서 어부사(漁父詞)를 부르며 춤추는 향악정재(鄕樂呈才)이다. 선유악을 보통 "선유락"이라고 읽는데, 필자는 선유악이라고 읽는 것이 더 낫다고 본다. 선유악은 뱃놀이 하면서 춤추고 노래한다는 의미이고, 선유락은 단순히 뱃놀이를 의미한다. 원래 선유악은 지방에서 공연되던 교방 정재인데, 1795년(정조 19년) 혜경궁

〈봉수당진찬도〉(奉壽堂進饌圖)

홍씨(惠慶宮洪氏)의 회갑연 이후 궁중에서 자주 연행되었다. 이 행사를 병풍에 담은 〈봉수당진찬도(奉壽堂進饌圖)〉에 채선을 둘러싸고 있는 기녀의 장면이 묘사되어 있다. 이것은 선유악을 대표하는 장면이다.

선유악은 처음부터 궁중 정재는 아니었다. 이것은 승무처럼 지방의 관아 행사에서 연행되던 교방 정재였다. 교방의 선유악은 명칭이 여러 가지이다. 1590년에 편찬된 평양지(平壤志)와 1603년의 성천지(成川誌)에 선유악은 '발도가(發棹歌)'라는 이름으로 처음 등장한다.* 발도가는 배를 선착장에 묶은 밧줄을 풀면서 노래 부른다는 의미이다.

심전고(心田稿)는 1828년 조선 순조 때 박사호(朴思浩)가 사신 일행으로 청나라에 다녀오면서 기록한 견문기이다. 여기에는 사신 일행이 황해도 황주에 머무르면서 연회 때 보았던 선유악이 기록되어 있다. 여기서 선유악은 선악(船樂)이라고 부른다.

> "맑음. 황해도 황주에서 머물렀다.
> 청으로 가는 조선 사신 일행인 삼사가 모두 체인각(軆仁閣)에 모여서 풍악을 관람했다. ——
> 그중에 선악(船樂)이 있는데 그 노래를 방언으로 배따라기[船離]라고 한다.
> 이것은 수로로 청에 가서 천자를 배알할 때에 나온 것이다.

* 김은자, 「선유락(船遊樂)의 전승양상과 공연미학적 성격」, 『민족무용』 제8호, 세계민족무용연구소, 2005, 12-13쪽.

그림으로 장식한 배를 무대 위에 놓고 어린 기생인 동기 한 쌍을 뽑아 소교(小校)로 분장시켜[소교는 군교를 따라 죄인을 잡던 사령이다], 붉은 삿갓의 갓끈에 범의 수염을 꽂고, 무관의 공복인 붉은 철릭[天翼]을 입고, 왼손은 활 끝을 잡고, 오른손은 활을 잡고, 사람들 앞에서 군례(軍禮)를 한다.

첫 번째 나팔[唱初]을 불면 추녀 끝[軒頭]에 나가 서고, "징을 두 번 치라"고 외치면[鳴金二下] 대취타를 연주한다. 뜰 가운데서는 북과 나팔을 울리며, 기녀의 무리는 모두 명주실로 바탕을 조금 거칠게 짠 적삼에 수놓는 치마를 입고, 배를 에워싸고[繞船], 닻줄 푸는 노래[解纜之歌]를 제창한다.

두 번째, 세 번째 나팔을 불고 그것이 그치면, 한 어린 기생 동기가 소교로 분장하고, 붉은 옷에 깃을 꽂은 갓을 쓰고 배 위에 서서, 닻을 들라는 신호로 포를 쏘라고 외치면, 뜰 가운데서 대포를 한 번 쏘면 곧 닻을 거두고 돛을 올린다.

기녀들은 배의 회전축을 만들고 그것을 천천히 돌려, 배가 띄우는[行船] 모양을 만든다.

기생의 무리들은 다시 배를 둘러싸고 일제히 노래 부르고 또 축원하는데, 그 곡조가 처량하고 구슬퍼 사람의 애를 끊게 한다.

그 노래는 다음과 같다. "닻 들어라, 배 떠난다. 이제 가면 언제 오리. 한 없이 넓고 넓은 바다여! 평평한 쟁반에 물이 담기듯, 가는 듯 돌아오소서"(심전고 제1권 연계기정(燕薊紀程) 26일)*

---

* 晴。黃州留。
三使齊會體仁閣。

박사호가 황주에서 관람했던 선유악은 그 지방에서는 배따라기[船離]라 불리던 것이었다. “배따라기”는 “배 떠나기”라는 의미이다. 이 작품을 한어(漢語)로 기록하면서 박사호는 “선악”이라는 명칭을 붙인 것이다.

16세기 말 교방의 공연 종목이던 배따라기, 즉 선악은 200년 후 1795년 궁중에서 연행된다. 이때 그것의 명칭이 선유악으로 바뀐다. 1795년 혜경궁 홍씨(惠慶宮洪氏)의 회갑연을 기록한 『원행을묘정리의궤(園幸乙卯整理儀軌)』에 선유악에 대한 간단한 설명이 나온다.

선유악. 채선(彩船)을 설치하여 여러 기녀들이 나누어 서서 배

(設樂大樂府名色。有獅子舞, 鶴舞, 牙拍舞, 錚江舞, 拋樂, 釖舞, 鼓舞, 獻蟠桃, 處容舞, 關東舞, 鴻門宴。)
其中又有船樂。維其曲方言。如云船離也。
始出於水路。朝天時。
置畵船於筵上。選童妓一雙。扮作小校。
朱笠貝纓。揷虎鬚紅天翼。白羽箭。左執弓弭。右握鞭鞘。前作軍禮。
唱初吹出立軒頭。唱鳴金二下大吹打。庭中動鼓角。
群妓皆羅衫繡裙。繞船齊唱。解纜之歌。
又唱二吹三。吹訖一童妓。扮作小校。
紅衣羽笠。立船上唱。擧碇砲。
庭中放一砲。仍收碇擧帆。
船作轉軸。徐徐轉之。作行船形。
羣妓又繞船齊歌且祝之。
其曲凄悵。令人斷腸。
其歌曰。碇擧兮船離。此時去兮何時來。
萬頃滄波兮。平盤貯水去似廻。

를 띄우는[行船] 모양을 만들고, 닻줄을 당기며 배를 둘러싸고 춤춘다. 이것은 신라 시대부터 있었다고 한다.*

의궤(儀軌)는 조선시대에 왕실이나 국가에 큰 행사가 있을 때 후세에 참고할 수 있도록 일체의 관련 사실을 그림과 문자로 정리한 종합보고서이다. 『원행을묘정리의궤』에는 노랫말 없이 선유악의 공연 모습과 유래를 짤막하게 언급하였다. 이 기록만으로는 춤의 형태를 짐작하기는 어렵지만, 의궤에 수록된 정재도(呈才圖)와 봉수당진찬도를 보면 공연의 모습을 유추할 수 있다. 중앙에 배를 설치하고 두 겹으로 무용수들이 배를 둘러싸고 춤추고 노래를 부른다. 이런 외적 형태는 교방 정재 배따라기와 크게 다르지 않다.

위 정리의궤의 선유악 설명에서 선유악의 유래가 언급되고 있다. 선유악은 신라시대로부터 유래한다는 소문이 있다는 것이다. 위두(衛頭)는 382년 삼국시대 신라에서 중국 전진(前秦)으로 파견된 사신의 이름이다.** 아주 오래전부터 신라는 중국과 교류

---

* 船遊樂. 【設彩船, 諸妓分立爲行船樣. 曳纜繞船而舞. 世傳自新羅時有之.】

** 위두(衛頭)를 부(苻)씨 진(秦: 전진)나라에 보내 토산물을 바쳤다.
부견(苻堅)이 위두에게 물었다.
"경(卿)이 말하는 해동(海東)의 일이 옛날과 같지 않으니 어찌된 것인가?"
위두가 대답하였다.
"또한 중국과 같은 경우입니다. 시대가 바뀌고 명칭과 이름도 고쳐졌으니, 지금과 예전이 어찌 같을 수 있겠습니까?"
遣衛頭入苻秦 貢方物 苻堅問衛頭曰 卿言海東之事 與古不同 何耶 答曰 亦猶中國 時代變革 名號改易 今焉得同

『원행을묘정리의궤』, 「선유악 정재도」

하고 있었던 것이다. 그때 부터 사신 일행은 어떻게 중국으로 갔을까? 바다를 건너 중국으로 갔을 것이고, 예전에는 해상 여행이 지금보다 훨씬 위험했다는 상황을 염두에 두면, 선유악과 같은 연행의 배경을 이해할 수 있다. 조선 말기의 문신 최영년(崔永年)은 해동죽지(海東竹枝)에서 선유악을 다음과 같이 설명한다.*

선유악(船遊樂). 사신을 남경으로 보내 천자를 알현할 때 수로를 활용했다. 많은 사람이 가지만 다 돌아오지는 못했다. 매번 남양(南陽)과 선천(宣川), 두 곳에서 출발했다. 전송을 바닷가에서 하였는데 여러 기생들이 전송을 비유하는 놀이를 만들었고, 그것을 선유악이라고 했다. 보통은 배따라기라고 부른다. 노래가 있다.

지국총 지국총 이별 노래 부르며
바다건너 먼 길로 사람을 보내네

— 《삼국사기(三國史記)》 〈신라본기〉 내물이사금 26년조 中

* 김은자, 앞의 글, 12-13쪽.

붉은 산초나무에 축축히 내리는 비, 배는 멀리 떠나는데
내년 봄 기러기와 함께 돌아와 자주 빛 대궐에 알리소서.*

선유악의 극중 공간은 항구이며, 주제는 이별의 슬픔과 재회의 축원이다. 그런데 작품의 구성은 항구의 이별 과정을 재현한다. 곧 험한 뱃길로 먼 길을 떠나는 사람들에게 기생들이 배를 설치하고 배가 떠나는 과정을 미리 보여주는 것이다. 왜 이별의 과정을 미리 보여주는가? 그렇게 하면 떠나는 사람들이 더 슬프고 괴롭지 않은가?

"나쁜 일 예상하기(Premeditatio Malorum)"는 스토아 사상이 권장하는 수련법이다. 인생은 불확실하다. 언제 우리에게 파산, 고문, 전쟁, 난파 같은 불행한 일이 일어날지 모른다. 보통 사람들은 그런 나쁜 일을 상상하기를 싫어하며, 그런 상상 자체가 불행을 야기할 수도 있다고 나쁜 일 예상하기를 두려워한다. 그러나 스토아 사상은 우리에게 일어날 수 있는 나쁜 결과를 미리 바라보며 대비하기를 권유한다. 아무런 예상도 하지 않다가 파산한 사업가는 미리 예상해본 사람보다 충격을 크게 받아 허둥대며 현명한 결정을 내리지 못할 것이다. 나쁜 일도 미리 한번 곰곰이 생각해보면 견디지 못할 정도로 심각한 것은 아닐 때가 많다.

---

* 船遊樂. 送使于南京, 以水路朝天, 多去而不還. 每發于南陽及宣川宣津兩處. 臨行餞送于海頭群妓演此爲戲. 名之曰, 船遊樂. 俗稱배싸라기. 有唱詞.
芝菊叢芝菊叢離別曲 皇華萬里送行人
紅椒瘴雨星槎遠 春鴈同歸報紫宸 (海東竹枝, 俗樂遊戲條.)

"나쁜 일 예상하기"는 실제로 그런 일이 벌어졌을 때 우리가 차분하게 대처할 수 있을 뿐 아니라 정신의 복원력을 더욱 강하게 만든다.

선유악은 "나쁜 일 예상하기"와 동일한 결과를 일으킨다. 선유악은 항구의 이별을 형상화하여 떠나는 사람과 보내는 사람에게 마음의 평정과 복원성을 부여하기 때문이다. 둘의 차이는 과정이다. 나쁜 일 생각하기는 우리가 스스로 사유를 통하여 나쁜 일을 시각화하고, 선유악은 기녀들이 그런 상황을 춤과 노래를 통하여 형상화한다.

앞에서 지적하였듯이 정재(呈才)는 궁중 무용이 아니다. 정재는 궁중 행사뿐 아니라 지방 정부의 행사에도 연행되었기 때문이다. 그리고 정재는 춤뿐 아니라 노래와 연주도 주요한 구성요소이다. 그래서 정재는 관아의 가무악인 것이다.

선유악이 궁중 정재가 되면서 노래가 완전히 바뀐다. 교방 정재일 때 선유악의 노래는 이별가이다. 그런데 궁중 정재 선유악의 노래는 어부사(漁父詞), 즉 어부의 노래이다. 교방 정재의 선유악에서는 기녀들이 배를 둘러싸고 이별을 노래를 부르지만, 궁중 정재에서는 어부사를 노래하는 것이다.*

귀 앞에 난 머리털이 눈처럼 흰 늙은 어부가 개펄 사이에 살면서 스스로 말하길,

---

* 정가영, 「궁중정재의 놀이성 연구-〈포구락〉, 〈선유락〉, 〈보상무〉, 〈학무〉를 중심으로」, 고려대학교 대학원 석사논문, 2018, 59쪽.

물에서 사는 것이 산에서 사는 것보다 낫도다. 배 띄어라, 배 띄어라. 아침 물결이 겨우 물러나자 저녁 물결이 밀려오는구나. 지국총 지국총 어사와! 배에 기댄 어부 한 어깨가 으쓱거린다. 푸른 줄 풀 잎사귀 위에 서늘한 바람이 일어나고 붉은 여뀌 풀꽃 둘레엔 백로가 한가롭다. 돛 달아라, 돛 달아라! 동정호 안에 바람이 세게 불어온다. 지국총 지국총 어사와! 돛단배를 급히 저으니 앞산이 홀연히 뒷산으로 되는구나."

노래가 이별가에서 어부사로 바뀜으로써 행선(行船)의 성격도 달라졌다. 교방 정재 선유악에서는 항구에서 떠나는 사신을 태우고 배는 운행한다. 반면 궁중 정재에서는 고기 잡는 어부를 태우고 배는 운행한다. 행선의 목적이 완전히 다른 것이다. 사신을 싣고 중국으로 가는 배는 여객선인데, 어부를 싣고 바다로 가는 배는 어선(漁船)이다. 어선은 항구를 출발하지만 어부는 항구를 떠나는 것이 아니므로, 이별의 성격은 작품에서 완전히 사라졌다. 그 대신 풍류의 성격이 작품에 새로 들어온다.

어부사는 실제 어부의 삶의 표현하는 것이 아니다. 위의 어부사 가사를 보라. 어부는 고기잡이에 전혀 관심이 없다. 어부는 풍경을 풍경 자체로 바라본다. 어부는 푸른 풀잎사귀의 흔들림에서 서늘한 바람을 느끼고, 붉은 꽃 둘레에 한가롭게 노니는 백로를 바라본다. 실제의 어부의 눈에는 이런 것들이 지각되지 않는다. 그는 어디에서 고기를 잘 잡을 수 있는지 관심을 쏟을 뿐이다. 실제 어부에게 바다는 그냥 자연이 아니라, 먹을 것을 얻을 수 있는 자원이다. 그러나 어부사의 어부는 자연을 자연으로 바라본다.

20세기 독일의 철학자 마르틴 하이데거는 인간의 시각을 둘로 나눈다. 첫 번째는 사물을 목적에 대한 수단으로 바라보는 실용적 시각, 두 번째는 사물을 그 자체로 바라보는 미감적 시각이다. 우리는 동일한 산을 두 가지 시각에서 바라볼 수 있다. 광산업자는 산을 석탄이나 광물의 저장고로 보는 반면, 등산가는 산을 그 자체로 본다. 실용적 시각이란 사물을 외부의 목적을 위한 수단으로 간주하는 자세이며, 미감적 시각이란 사물을 목적 연관으로부터 떼어내어 독립적 존재로 간주하는 자세이다. 미감적 시각은 풍류적 시각과 비슷하다. 둘 다 사물을 그 자체로 바라보기 때문이다.

좋은 것과 아름다운 것은 다르다. 어떤 사물이 목적에 부합하면 우리는 그것을 좋다고 판단한다. 좋은 차란 운행을 잘하는 차이다. 그러나 자동차가 운행을 하지 못하더라고 그것을 아름답다고 판단할 수 있다. 미추 판단은 사물을 목적 연관에서 분리하여 사물 자체를 바라볼 때 일어나기 때문이다.

어부사에서 어부는 미감적 시각, 즉 풍류적 시각에서 사물을 바라본다. 이것은 실제 어부의 시각이 아니라 선유악을 관람하는 감상자의 시각이다. 궁중 정재의 감상자는 왕이나 왕의 가족, 그리고 고위 관리이다. 이들의 풍류적 시각에 호소하도록 선유악은 궁중 정재가 되면서 성격을 바꾼 것이다.

정리하자면 선유악은 교방 정재와 궁중 정재, 두 종류가 있다. 둘 다 작품의 공간은 항구이며, 배를 기녀들이 바다에 띄우는 행선의 구조를 가지고 있다. 그러나 내용은 큰 차이가 있다. 교방 선유악에서는 기녀들이 이별가를 부르고, 궁중 선유악에서 기녀들은 어부사를 부른다. 어부사는 풍류의 관점으로 사물을 바라보고자 하는 감상자의 소망을 반영한다. 선유악은 궁중 정재가 되면서 풍류의 예술로 변모한다.

교방무(敎坊舞)

"호남은 소리, 영남은 춤." 무용 공연장에 가면 해설자들이 자주 이런 말을 한다. 그래서 사람들은 호남에서는 판소리 같은 성악이 발달했고, 부산이나 진주, 대구 같은 영남지역에서는 무용이 발달했을 것이라고 생각한다. 그러나 호남에는 없는 춤이 영남에 특별히 있었던 것은 아니다. 6·25 전쟁 이전까지는 부산이나 대구에 교방 무용 말고는 춤다운 춤이 없었다.

전통무용에서 관아 무용은 중앙정부, 즉 궁중의 춤과 지방정부의 춤으로 나뉘는데 이 가운데 궁중의 춤을 궁중 정재, 그리고 지방관청의 춤을 교방 무용 또는 교방 정재라고 부르는 것이 좋다.

서울에는 장악원, 지방에는 교방청

조선시대 지방 관아와 중앙 관아에는 행사가 많았다. 옛날에는 숙박 시설이 발달하지 않아 출장을 다니는 관리들은 관아의 객사(客舍)에서 묵었다. 중국과 일본의 사신들이 서울로 오갈 때, 그리고 조선 정부의 사신들이 중국이나 일본에 갔다 올 때, 관아 객사에서 숙박했다. 이들을 중앙과 지방 관아에서 향연을 벌여 접대하는데, 이때 관아 소속 기녀가 노래하고 춤을 추었다. 귀빈 접대 말고도 왕이나 대비의 생일과 지방 수령의 생일 같은 날, 관아에서 향연이 벌어지고 기녀의 노래와 춤이 연행되었다. 행사는 많은데 예전에는 민간 예술단체는 없으므로 정부가 공연 예술가들을 교육하고 관리했다. 중앙정부에서 기녀와 악사를 관리하는 기관을 장악원, 지방 정부의 기관을 교방(敎坊), 또는 교방청(敎坊廳)이라고 불렀다. 교방의 원래 의미는 학습하는 곳, 학원이다.

진주의 인문지리지인 『진양지』 관우(館宇) 조에 진주 교방에 대한 기록이 나온다. "중대청(中大廳) 동쪽과 서쪽에 낭청방(郎廳房)이 있고 서쪽 낭청방 앞에 교방(敎房)이 있었다."* 중대청은 객사 건물이다. 그 안에 왕을 의미하는 전패(殿牌)를 모시고, 고을 수령이 한 달에 두 번 배례(拜禮)를 올렸다.

서울에는 궁중 정재, 지방에는 교방 정재

서울 궁중에서 연행하는 춤은 『악학궤범(樂學軌範)』과 『정재무도홀기(呈才舞圖笏記)』에 기록되어 있다. 『악학궤범』 권4에는 14개의 당악 정재가 기록되어 있다. 정재(呈才)란 보통 춤과 시가

---

* 강동욱, "천년도시 진주의 향기", 〈경남일보〉, 2017.11.12.

정은주

(詩歌), 그리고 연주가 통합되어 있는 가무악(歌舞樂)이다. 14종의 정재 중에서 헌선도(獻仙桃), 수연장(壽延長), 오양선(五羊仙), 포구락(抛毬樂), 연화대(蓮花臺) 등 5개는 고려 때 중국으로부터 전래된 것이고, 7개는 조선 초에 창작된 것이며, 나머지 2개는 중국으로부터 유입된 것을 재현한 것이다. 『악학궤범』 권5에는 향악 정재 10개가 기록되어 있다. 그리고 『정재무도홀기(呈才舞圖笏記)』는 조선시대 궁중 연향에서 공연하는 정재의 무보인데, 여러 종

류의 무도 홀기에 기록된 정재는 45종류이다. 조선 후기, 특히 순조 때 정재가 많이 창작되었다.

정재는 지방 관아에서도 연행되었다. 그것을 궁중 정재와 구별하여 교방 정재라고 부른다. 교방은 지방 관아에 부속된 건물인데, 대개는 관문 밖 객사 주변에 위치해 있었다. 이곳에서 관아 소속 기녀들이 악기, 노래, 춤 등 예기를 익혀 각종 공적인 연회에 불려 다녔다. 진주 목사를 역임한 정현석(鄭顯奭)은 진주 교방에서 학습하던 춤과 노래를 기록하여 1865년 책을 펴냈다. 이것이 『교방가요(敎坊歌謠)』이다. 여기에 기록된 정재는 육화대(六花臺), 연화대, 헌선도, 고무(鼓舞), 포구락, 검무, 선악(船樂), 항장무(項莊舞), 의암가무(義巖歌舞), 아박무(牙拍舞), 향발무, 황창무(黃昌舞), 처용무(處容舞) 승무(僧舞) 등 14종이다. 이 중 항장무, 승무, 의암가무를 제외한 11종은 궁중 정재와 같다.* 순수 교방 정재는 3종뿐인 것이다. 항장무는 평안남도 선천지방의 무극인데, 1873년(고종 10년) 궁중 정재로 편입되었다. 내용은 항우와 유방의 싸움이다. 『교방가요』의 승무는 국가문화재 27호로 지정된 승무와 완전히 다른 춤이다. 『교방가요』의 승무는 풍류랑(한량), 노승, 젊은 기생, 상좌 등이 등장하는 무극(舞劇)이다. 의암가무는 논개의 충절을 기리기 위해 진주 교방에서 창작한 정재이다.**

각 도(道)에서 가장 큰 도시는 부(府)이며, 그 아래로 군(郡),

---

* 문주석(文做碩), 「『敎坊歌謠』 所載 '敎坊呈才' 研究-項莊舞·僧舞를 中心으로」, 『民族文化論叢』 제27집, 嶺南大學校民族文化研究所, 2003, 324쪽.

** 강동욱, "천년도시 진주의 향기", 〈경남일보〉, 2017.11.12.

현(縣)이 있다. 교방은 부에서부터 현까지 관아에 대부분 있었다. 그곳에서 기녀들을 교육하여 관아의 행사에서 정재가 연행되었던 것이다. 진주 교방의 사례가 보여주듯이 교방에서 연행하던 정재의 대부분은 궁중 정재와 동일한데, 소수이지만 교방에서 만든 정재도 있었다.

조선시대 사찬읍지(私撰邑志)에는 교방별로 기생의 수가 기록되어 있다. 1590년(선조 23년) 평양 교방의 기생은 180명이며, 악공은 28명이고, 함경북도 회령부에는 기생 61명, 무산부에는 기생 17명, 종성부에는 35명이다.* 평양이 지방 교방 가운데 규모가 크다는 것을 알 수 있다.

교방 기녀는 연향에서 춤춘다

교방의 기녀가 수행하는 일차적 의무는 관아에서 벌어지는 연향에서 공연하는 것이다. 평양은 중국에서 조선으로 오는 중국 사신이나 조선에서 중국으로 가는 사신이 통과하는 곳이다. 중국인 사신이나 조선인 사신은 평양의 객사에서 묵는다. 『계산기정(薊山紀程)』은 조선 순조 때 동지사의 서장관 서장보(徐長輔)를 따라 연경(燕京)을 다녀온 필자 미상의 사행(使行) 기록이다. 이것에 따르면, 사신 일행은 10월 21일 서울을 출발하여 11월 24일 압록강을 건넜다. 압록강을 건너기 전까지 사신 일행은 대략

* 권혜경, 「조선후기 교방의 연행활동 연구-춤을 중심으로」, 이화여자대학교 대학원 석사논문, 2005, 10쪽.

〈동래부사접왜사도(東萊府使接倭使圖) 제8폭〉(출처 국립중앙박물관)

20여 개의 도시에서 묵었으며, 그 가운데 평산, 황주, 평양, 안주, 선천, 의주 등 10곳 이상에서 기악(妓樂) 접대를 받았다.

경상도 지역의 교방은 일본으로 가는 통신사 일행에게 위로연을 베푼다. 『동사일기(東槎日記)』는 1711년(숙종 37년) 문신 임수간(任守幹, 1665~1721)이 통신사 부사(副使)로 일본에 다녀오면서 기록한 사행일록(使行日錄)이다. 임수간은 안동, 의성, 영천, 경주, 부산 등지에서 기악을 보았다고 기록한다.

〈동래부사접왜사도(東萊府使接倭使圖)〉는 동래부사가 왜사(倭使)를 접대하는 10폭 병풍이다. 이것은 일본 사절을 맞이하러 초량왜관으로 향하는 동래부사의 행렬, 초량 객사의 왜사 숙배(肅拜), 연향대청(宴享大廳)에서의 왜사에 대한 연향 등 크게 세 부분으로 구성되어 있다. 제8폭 그림은 초량객사에서 참배하는 일본 사절단을 묘사한다.

그림을 보면, 초량객사에 전패(殿牌)를 놓고 뜰아래에서 일본 사절이 예를 올리고 있다. 전패는 '전(殿)' 자를 새겨 세운 나무패이다. 조선시대 객사는 모든 군현에 설치되어 있었고, 건물 중앙에 전패를 두었다. 전패는 국왕을 상징하는 패이다. 일반적으로 객사는 해당 지역의 수령과 관리들이 초하루와 보름에 국왕을 상징하는 전패에 절을 올리는 장소이면서, 지방을 오가는 관리들의 숙소로 이용되었다.

다음은 〈동래부사접왜사도〉의 제10폭, 연향대청(宴享大廳)의 연회 장면이다.

연향대청은 초량왜관 북쪽 담장 밖에 있었는데, 일본 사절단

〈동래부사접왜사도(東萊府使接倭使圖) 제10폭〉(출처 국립중앙박물관)

을 맞이하여 동래부사나 부산진 첨사가 연회를 베풀던 곳이다. 조선과 일본의 관리들이 오른쪽과 왼쪽으로 나뉘어 앉아 있고, 대청 중앙에서 4명의 기녀가 춤을 춘다. 그리고 오른쪽에 3명의 기녀가 앉아서 대기하고 있고, 섬돌에 6명, 대청에 2명의 악공이 반주하고 있다.

교방 기녀는 서울로 뽑혀 올라가 궁중에서 춤춘다

조선 후기 지방 교방에 속해 있는 여기(女妓)들의 중요한 임무 가운데 하나는 서울에 선상(選上)되어 궁중 내연(內宴)에 참가하는 것이었다. 중앙 관아에 소속되어 궁중 행사에서 가무(歌舞)를 하던 서울의 기녀를 경기(京妓), 지방 관아의 기녀를 향기(鄕妓)라고 한다. 조선 전기에 경기의 정원은 125명이었으나 세종 29년에 그 수를 100명으로 줄였다. 그러다 성종 때에 완성된 『경국대전』에서는 "여기(女妓) 150인, 연화대(蓮花臺) 10인, 여의(女醫) 70인을 3년마다 여러 읍의 연소한 비자(婢子)에서 뽑아 올린다. 여의는 재주를 이룬 후에 본 읍으로 돌려보낸다"라고 선상(選上)을 규정했다. 그 연화대 10인은 연화대를 공연하는 데 필요한 어린 계집아이를 말한다. 태종 때에 제생원(濟生院)에서 관청의 비녀(婢女)나 지방 군과 현의 여비(女婢) 중에 영리한 동녀(童女)를 뽑아 침구술과 약이법(藥餌法) 등을 가르쳐서 교육을 마친 뒤에는 지방으로 되돌려 보내어 부인들의 병을 치료하게 하였다. 이들이 의녀(醫女)이다.

기녀의 인생은 고달프다

기녀의 인생은 어땠을까? 평안도 강계부(江界府)에서 작성한 「교방절목(教坊節目)」(1864)을 보자. 관아에 소속된 기녀 즉 관기(官妓)는 7~8세부터 기적(妓籍)에 편입되어 직역(職役)을 수행하기 위한 준비교육을 받고, 14~15세 즈음부터 직역을 수행하였으며, 61세가 되어 정년퇴직을 해야 기역(妓役)에서 벗어날 수 있었다.

기녀의 보수도 아주 적었다. 교방의 관리 감독을 맡은 도상(都上)은 매달 초하루에 월급으로 좁쌀 5두(斗)를 지급 받아, 연봉은 60두(斗)이다.* 연봉을 돈으로 환산하면 14냥(兩)인데, 서울의 사대부 집안 여덟 식구가 일 년 먹는 쌀값의 총액이 56냥(兩)이다. 도상의 일 년 급여인 14냥은 월급으로는 1냥 1전 6푼 5리인데, 이것은 매우 적은 액수였다. 강계부에서는 기생들도 급여를 월급으로 받았다.

> 행수기(行首妓) 1냥(兩) 4전(戔), 침장비(針匠婢) 3전(戔), 인사비(引絲婢) 3전(戔), 일역비(日役婢) 3전(戔), 유비(油婢) 3전(戔).

이들은 이름은 다르지만 모두 교방 소속 기생이다. 그들은

---

* 박영민, 「19세기 지방관아의 교방정책과 관기의 경제현실-江界府의 「教坊節目」을 중심으로」, 『민족문화연구』 제50호, 고려대학교 민족문화연구원, 2009, 14쪽.

월급을 좁쌀이 아니라 현금으로 받았다. 조선 후기 지방 주막의 한 끼 밥값이 3~5푼, 서울의 한 끼 밥값은 5~7푼, 서울 임노동자의 하루 임금이 25푼 정도이다. 기생들의 월급은 며칠 생활비에 지나지 않은 것이다.

관기가 민간의 잔치에서도 연행한다

조선 후기에는 궁중과 교방의 기녀들이 민간의 잔치에도 초청되어 공연했다. 기생은 관아에서 받는 월급만으로는 생활하기 힘들었기 때문이다. 관아의 기녀들이 민간에서 연행하면서 부유한 민간인들은 궁중이나 교방 기녀의 춤을 볼 수 있게 되었다. 이전에는 아무리 부자라도 중앙이나 지방 관아의 높은 지위가 아니면 그런 춤을 보지 못했다.

승전놀음(承傳놀음)은 조선 후기에 별감(別監)들이 관기와 악공을 데리고 노래와 춤으로 즐기던 행사이다. 별감은 궁중 액정서(掖庭署)에 소속된 잡직(雜職)이다. 별감은 신분은 낮아도 궁중에 근무하기 때문에 상당히 교양이 있고 돈도 있었다. 조선 후기 한양의 풍속을 읊은 가사인 〈한양가〉에 승전놀음이 묘사되어 있다. 〈한양가〉를 보면, 별감은 기생들을 대동하여 노래와 춤으로 호사스런 놀음을 벌인다. 등장하는 춤은 입춤, 배따라기, 북춤, 항장무 등인데 그것은 교방의 종목과 일치한다.

관기의 춤이 민간으로 내려와 여항의 춤과 섞인다

1900년대로 들어서며 조선의 관기 제도는 큰 변화를 맞는다. 조선 정부가 재정적 문제로 1907년 관기 100명만 남겨두고 300명을 해고한 것이다. 그 이듬해에 관기가 다시 30명으로 줄어든다. 궁중의 일터를 잃은 관기들 중 일부는 고향으로 돌아가 가무악을 지방의 기녀에게 전수한다. 지방 교방도 사정은 마찬가지이다. 교방은 해체되고 관아 소속 기녀들은 민간으로 들어가 기생의 업무를 계속하거나 기생 지망생들에게 기예를 전수한다.

이렇게 관아의 춤이 민간으로 흘러 들어가게 되면서 여항의 춤과 만나 여항의 춤이 정재화하기 시작한다. 원래 여항의 춤이란 무당의 굿이나 풍물의 판굿에서 즉흥적으로 추는 춤이었다. 이런 춤에는 일정한 장단이나 형식이 없었고, 동작도 단순했으며, 소위 굴신(屈伸)이라는 것이 없었을 것이다. 그런데 정재는 매 걸음 굽혔다가 펴며 사뿐사뿐 걸어서 그 춤사위를 족도(足蹈)라고 부른다. 여항의 춤이 정재의 영향을 받아 보통 걸음을 걷던 것이 굴신 동작으로 바뀌었을 것이라고 필자는 추측한다. 이것 외에도 팔 동작과 회전의 균형 같은 조화로운 동작 구성을 정재로부터 여항 무용이 배웠을 것이다. 현재 살풀이춤이나 승무의 동작은 무용을 전문으로 배우지 않은 사람은 흉내도 내지 못할 정도로 어렵다. 이런 춤을 전통사회에서 농사를 짓던 아낙네가 출 수는 없다. 현재 소위 민속무의 동작은 정재로부터 도입한 것이다.

정재의 전통은 민간의 기녀들이 계승한다

이제 춤의 무대도 관객도 달라진다. 무용의 공연 무대는 극장과 고급음식점, 크게 두 군데이다. 20세기 초반 협률사나 광무대 같은 근대식 극장이 세워져 기녀들이 공연했다. 극장에는 누구나 입장료만 내면 들어가서 고위관리나 부유한 사람들만이 보던 정재를 관람할 수 있었다. 또한, 기녀들은 명월관 같은 고급음식점에서 공연했다. 명월관, 국일관, 천향원, 식도원에는 큰 연회장에 무대가 구비되어 있어 대연회가 열리는 날에는 공연이 따랐다.

기생들은 극장과 요리점에서 무슨 춤을 추었을까? 1910년대 기생들의 기예 정보를 소개한 책 두 권이 나왔다. 『예단일백인(藝檀一百人)』과 『조선미인보감(朝鮮美人寶鑑)』.* 『예단일백인』은 〈매일신보〉에서 1914년 1월 28일부터 6월 11일까지 예술이 우월한 인물 100인을 수집하여 연재한 글인데, 기생이 93명으로 압도적으로 많았다. 『조선미인보감』은 1918년 7월에 간행되었으며 조선 전도(全道)에 있는 기생에 대한 소개서이다. 『예단일백인』의 경우 기생들의 춤 종목은 주로 검무, 승무, 남무, 입무 등이다. 이 중 검무는 정재인데, 남무(男舞)는 기생 둘이 남자와 여자로 분장

---

* 이정노, 「일제강점기 서울지역 기생의 요리점 활동과 춤 연행 양상 연구」, 『한국문화연구』 제29호, 이화여자대학교 한국문화연구원, 2015, 123-126쪽.

하여 서로 껴안고 춤추면서 온갖 교태를 다 부리는 내용이니 새로 개발된 춤이다. 승무는 교방 정재의 승무인지, 아니면 새로운 춤인지 알 수 없다. 입무는 예전의 여항 무용처럼 즉흥무일 것이다. 그리고 전국에 걸쳐 총 605명의 예기들이 소개된 『조선미인보감』에서는 205명이 정재를 특기로 내세우고 있었고, 그다음으로 많은 종목인 검무가 92명이었다. 검무도 사실 정재이니, 정재 전통은 1910년대까지는 지속되고 있었던 것이다.

정재는 인기를 잃어간다

그러나 정재 전통은 1930년대를 넘어가면서 무너진다. 요리집의 고객들은 전통 가무보다 서양의 재즈나 유행 창가, 그리고 서양 댄스를 좋아했기 때문이다.* 고객의 취향을 반영하여 요리집에서는 기생에게 전통 가무가 아니라 유행가나 사교춤을 요구하게 되었다. 이제 기생이 되기도 쉬웠다. 이전에는 권번이라는 기생 학교에서 2, 3년씩 고된 가무 훈련 과정을 거쳐야 했지만, 사교춤이나 유행가는 훨씬 쉽게 익힐 수 있는 것이었다.

1930년대 '내지(일본 본토)' 남성들이 요리점의 주요 고객이 되면서 요리점은 그들의 기호에 맞추게 되었다. 1910년 한일합방 이후 일본은 '외지(조선, 만주, 대만)' 관광 산업을 적극적으로 유도하는 정책을 폈다. 서울의 일류 요리점은 조선 요리와 기생

---

* 서지영, 「상실과 부재의 시공간-1930년대 요리점과 기생」, 『정신문화연구』 제32권 제3호 통권 116호, 한국학중앙연구원, 2009, 173-177쪽.

의 존재 때문에 일본인의 관광 명소가 되었다. 그러나 내지 남성들이 요리점에서 기생을 통해 접하는 조선의 전통 가무는 큰 흥미를 주지 못했다. 남성 관광객은 조선 기생의 춤이 지나치게 단조로우며, 노래도 그냥 질질 끌고 있다는 인상을 받았다.

원래 전통무용의 감상자는 소수의 좌상객(座上客)이었다. 그들은 유가 문화 전통에서 감수성이 형성되었다. 20세기 초반부터 정재를 구경하는 사람은 대중이며, 그들은 서구문화의 감수성으로 변하고 있었다. 좌상객들이 가무에서 기대하는 것은 바른 심정과 마음의 평화이다. 반면 신세대는 공감과 흥미를 기대한다. 정재의 느릿하고 섬세한 움직임, 그리고 도덕적 스토리는 서구적 감수성에서 보면 단조롭고 졸리는 것이다.

국립국악원에서 궁중 정재를 다시 복원하고 있다. 의상이 화려하고 동작은 우아하지만 관객들에게 춤은 지루하고 재미가 없다. 현대 관객의 예술 감수성도 서구화되었기 때문이다. 전통 정재는 복원하고 원형대로 보존해야 한다. 동시에 전통 정재에 바탕을 둔 신정재를 창작하는 작업도 추진해야 한다. 그 작품이 현대인에게 자신과 세계의 진리를 드러낼 때 정재의 가치도 높이 평가될 것이다.

검무

전통무용 중에서 가장 오래된 춤은 검무이다. 살풀이, 승무, 태평무는 역사가 100년이 채 안 된다. 반면 검무는 고구려의 벽화에도 나온다. 1949년 안악군에서 발굴된 제3호 분묘, 동수묘 벽화에 검무를 추는 사람이 보인다. 검무에 관한 문헌은 매우 많다. 1669년(현종 10년) 민주면(閔周冕)은 작자 미상으로 전해 오던 『동경지(東京誌)』를 편집하여 『동경잡기』라고 개칭하고 간행하였다. 이것을 1845년(헌종 11년) 성원묵(成原默)이 증보하여 중간(重刊)하였다. 동경(東京)은 경주를 말한다. 『동경잡기』 권1, 풍속조(風俗條)에 다음의 기록이 나온다.*

무검지희(舞劒之戲): 황창랑은 신라 사람이다. 민간에 전하기를, 나이 칠 세에 백제로 들어가 칼춤을 추니 구경꾼이 담장처

---

* 舞劒之戲: 黃倡郎新羅人也. 諺傳, 年七歲入百濟, 市中舞劍, 觀者如堵, 濟王聞之, 召觀, 命升堂舞劒, 倡郎因刺王, 國人殺之, 羅人哀之, 像其容, 爲假面, 作舞劒之狀, 至今傳之.

럼 모였다. 백제왕이 이 소문을 듣고 불러들여 당으로 올라와 칼춤을 추라고 명령했다. 황창랑은 그리하여 칼춤을 추다가 백제왕을 찔러 죽였다. 이에 백제 사람들이 황창랑을 죽였다. 신라 사람들이 그를 가엾게 여겨 그의 형상을 본떠서 가면을 만들어 쓰고 칼춤을 추었다. 지금까지 그 칼춤이 전해 내려온다.

황창 검무는 분노의 춤이다

신라시대의 검무는 황창랑의 설화를 바탕으로 한 것이니 무술에 가까운 춤일 것이다. 이러한 형태의 황창 검무는 고려를 거쳐 조선 중기까지 민간에 전승되었다. 김종직(金宗直, 1431~1492)은 동도(東都), 즉 경주에서 황창 검무를 보고 시를 쓴다.*

저기 저 사람 아직 어린애,
세 길도 못 되는 키, 씩씩도 하네.
평생에 왕기(汪錡)가 내 스승이라,
나라 위해 설욕하니 여한이 없네.
칼날이 목을 겨누어도 다리도 떨지 않았고,
칼날이 심장을 가리켜도 눈도 안 흔들렸지.
공을 이루고는 춤 그만두고 유유히 떠나니,
겨드랑에 태산을 끼고 북해도 뛰어넘겠네.

---

* 『점필재집(佔畢齋集)』 권3 동도악부(東都樂府), 한국고전종합DB

황창 검무는 가면을 쓴 어린 남자가 가면을 쓰고 추는 동자 가면무(童子假面舞) 형식이었다. 춤이 표출하는 정서는 분노이다. 인간의 정서는 전통 사회에서 크게 네 가지로 분류된다. 희로애락(喜怒哀樂). 희(喜)는 환희, 로(怒)는 분노, 애(哀)는 애절(哀切), 락(樂)은 화락(和樂)의 정서이다. 황창 검무는 로(怒) 즉, 분노의 춤이다.

황창 검무는 여기(女妓) 검무로 변화한다

조선 중기부터 검무의 형태는 달라진다. 이제는 가면을 쓴 남자 대신, 아름다운 여기가 검무를 추는 것이다.* 그래도 춤의 내용은 황창무처럼 용맹스럽게 칼을 휘두르는 성격이 남아 있다. 숙종 이후 여러 문인들의 관무시(觀舞詩)에는 기녀가 검무를 추는 모습이 묘사되어 있다. 조선 후기의 문인이자 화가인 김창업(金昌業, 1658~1721)은 1713년 연경(지금의 북경)에서 돌아와 평안도 정주(定州)에 유숙하게 되는데, 이때 16세의 가학(駕鶴)이란 기생과 13세의 초옥(楚玉)이란 두 기생이 추는 검무를 구경한 후 『노가재연행일기(老稼齋燕行日記)』에 소감을 기록하였다.** 조선 후

* 백봉선, 「궁중검무와 진주검무 비교분석」, 진주교육대학교 교육대학원 석사논문, 2019, 16쪽.

** 임수정, 「한국 여기검무(女妓劍舞)의 예술적 형식과 지역적 특성 연구」. 용인대학교 대학원 박사논문, 2007, 23-24쪽

기의 문인인 신광수(申光洙, 1712~1775)의 문집 『석북집(石北集)』에 평양의 검무기(劍舞妓) 추강월(秋江月)에게 바친 시 "연관정에서 검무 기녀 추강월에게 주다(練光亭贈劍舞妓秋江月)"가 실려 있다. 다산(茶山) 정약용(丁若鏞, 1762~1836)의 「무검편증미인(舞劒篇贈美人)」에는 진주 검무의 궁중검무와 진주검무 비교분석 모습이 상세히 묘사되어 있다.* 조선 후기 실학자인 초정(楚亭) 박제가(朴齊家, 1737~1805)의 문집 『정유각집貞蕤閣集』에는 명기 운심(雲心)의 밀양 검무에 관한 내용이 나온다.** 운심은 조선 정조 때의 관기로서 검무에 능해 한양에서도 명성이 자자했다. 이렇게 1700년경부터 여기 검무는 전국 곳곳에서 유행하였던 것이다.

기생의 검무는 조선의 회화에도 등장한다. 김홍도의 〈부벽루연회도(浮碧樓宴會圖)〉에는 칼 두 개를 들고 검무를 추는 기녀 두 명이 묘사되어 있다. 긴 검을 양손에 들고 전립을 쓴 여기의 모습은 전투를 하는 듯 강인함과 살벌함을 느끼게 한다. 신윤복의 〈쌍검대무(雙劍對舞)〉는 양반집의 넓은 마당에서 화려한 옷을 입은 기녀가 검무를 추는 모습을 담고 있다. 긴 칼을 들고 춤추는 기녀들의 몸짓이 화려하면서도 힘차게 그려져 있다. 두 그림에서 여기들의 복식이나 검의 형태가 매우 흡사하며, 춤의 표현도 황창 검무를 연상시키듯 강렬하면서 화려한 모습이다.

황창 검무가 여기 검무로 변화하였지만 황창 검무의 성격은 남아 있었다. 기녀들은 긴 장검을 사용하였으며, 머리에는 무관

---

* 임수정, 위의 글, 22-23쪽.

** "검무(劒舞)", 〈한국민속대백과사전〉

민향숙의 검무

신윤복 〈쌍검대무〉

들이 사용하는 전립을 씀으로써 전사의 강인한 기세를 보여주었다. 여기 검무는 화려하면서 용맹스럽다는 점에서 환희와 분노를 표출하고 있다. 황창 검무가 분노의 춤이라면 초기 여기 검무는 환희의 성격을 부가한 것이다. 분노와 환희는 연결된 정서이다. 우리는 분노에서 행동이 일어나고 행동을 통하여 목적을 달성하면 환희 속에 잠기는 것이다.

새로운 여기 검무는 환희의 춤이다

19세기 말 풍속화가 김준근(金俊根)의 〈쌍검무(雙劍舞)〉는 이전의 여기 검무와는 다른 모습을 보여주고 있다. 칼은 길이가 짧고 끝이 약간 굽은 부드러운 느낌을 주는 형태로 바뀐 것이다. 칼의 길이만 바뀐 것이 아니라 춤의 성격도 변화하였다. 이제 춤은 용맹스럽다기보다 화려한 기쁨의 춤으로 변화한 것이다. 초기 여기 검무의 성격은 환희와 분노인데, 이제 분노의 성격이 탈락하고 환희의 성격만 갖게 된 것이다. 여기 검무의 내용이 완전히 변화한 것이다.

새로운 내용의 여기 검무는 1872년(고종 9년) 정현석의 『교방가요(敎坊歌謠)』에도 등장한다. 『교방가요』는 진주 교방청의 기녀들이 연행하는 춤과 노래를 서술한다. 검무는 동기(童妓) 2명과 소기(少妓) 2명 등 모두 4명의 기녀가 추는데, 칼은 그렇게 크지 않고 기녀들의 동작도 용맹스럽지 않고 화려하다. 정현석은 검무를 다음과 같이 묘사한다.*

> 네 명의 기녀가 나란히 절을 하고 일어서면 풍악을 울린다. 두 번째 북이 울리면 한 손을 들어 올리고, 다섯 번째 북이 울리면 두 손을 들어 올리거나, 한 손은 들어 올리고 한 손은 내리기도 한다. 쌍쌍이 마주하여 춤(對舞)을 추다가, 서로 마주 앉아 칼을 희롱하는데, 먼저 칼 한 자루를 집어 들고 다음에 또 한 자루를 집어 들고 춤을 추다가 곧 일어나서 춤을 춘다.
>
> 나아가고 물러서기를 몇 차례하며 서로 쫓고 서로 칼을 치다가 마침내 '연풍대(宴豊臺)'를 한다.(이것은 칼을 휘두르고 몸을 돌리면서 원을 그리며 나가는 것으로 일명 '연풍대(軟風隊)'라고도 한다.) 칼을 겨드랑이에 끼고 한 번 돌고, 칼 하나를 휘두르며 한 번 돌고, 쌍칼을 휘두르며 한 번 돌고, 칼을 찌르며 한 번 돈다.(한 명의 기녀가 춤을 출 때 세 명의 기녀는 쉰다.) 칼을 던지고 절하고 나간다.**

『교방가요』에 나타난 검무의 동작을 진행 순서대로 정리하면 다음과 같다.***

---

* 정현석, 위의 책, 191쪽.

** 四妓齊拜而立 樂作. 第二鼓擧一袖第. 五鼓擧二袖或一擧一休 雙雙對舞 對坐戲劍 先拾一劍 次拾 一劍而舞 乃起而舞 進退如數 相逐相擊 終爲宴豊臺(卽揮劍旋身周行一名軟風隊) 狹劍 一回 揮一劍一回 揮雙劍一回 刺劍一回 (每一妓舞時三妓休) 擲劍拜出.

*** 임수정, 앞의 글, 50쪽.

① 거일수(擧一袖): 한 손을 들어 올리는 동작
② 거이수(擧二袖): 두 손을 들어 올리는 동작
③ 일거일휴(一擧一休): 한 손은 들어 올리고 한손은 내리는 동작
④ 쌍쌍대무(雙雙對舞): 서로 마주하여 춤을 추는 동작
⑤ 대좌희검(對坐戱劍): 서로 마주 앉아 칼을 어르는 동작
⑥ 선습일검(先拾一劍): 먼저 칼 하나를 잡는 동작
⑦ 차습일검이무(次拾一劍而舞): 또 다른 칼을 잡고 춤을 추는 동작
⑧ 기이무(起而舞): 일어나는 동작
⑨ 진퇴여수(進退如數): 나아가고 물러나는 동작
⑩ 상축상격(相逐相擊): 서로 쫓고 겨루는 동작
⑪ 연풍대(宴豊臺): 칼을 휘두르고 몸을 돌리면서 원을 그리는 동작

진주 검무는 진주 교방청 검무를 복원한 것이다

진주 교방청 검무는 진주 검무로 복원되어 1967년 국가무형문화재 제12호로 지정되었다. 진주 검무는 한삼춤-선 손춤-앉은 손춤-앉은 칼춤-선 칼춤-연풍대의 순서로 진행한다. 경건한 동작(칼을 어르는 앉은 사위)과 장쾌한 동작(연풍대)으로 구성되어 있으며 손목 놀림이 활달하지만 그렇게 화려하지는 않은 것으로 보아 향연무가 아니라 의식무이다. 그리고 이 춤은 감정 과잉이

없고 공허한 동작도 없는 것으로 보아 왜곡 없이 전통을 살려내어 복원하였음이 명백하다. 진주 검무에는 교방청 검무에 없었던 한삼춤이 들어가 있다. 한삼을 뿌리다가 벗어버리고 칼을 드는 동작은 새로 추가된 것이다. 이 덕택에 춤이 좀 더 화려해졌다.

검무는 여자가 남성의 상징인 칼을 들고 춘다는 점에서 남성성과 여성성이 조화를 이루고 있다. 진주 검무는 통영 검무와 달리 칼이 꺾이지 않아 칼을 희롱하려면 손목을 많이 돌려야 하므로 더욱 역동성을 품고 있다. 진주 검무는 여성적 우아함과 남성적 호쾌함, 에로스와 타나토스가 융합된 최고의 미이다.

통영 검무는 환희와 화락의 춤이다

통영 검무와 진주 검무의 차이는 칼이다. 진주 검무의 칼은 길지는 않지만 꺾이지 않은 보통의 칼이다. 반면 통영 검무는 꺾인 칼을 사용하여 칼을 뿌리고 거둘 때 금속이 부딪히는 소리가 난다. 그 느낌은 경쾌하다. 승전무는 통영 북춤과 통영 검무로 구성되어 있다. 1968년 승전무는 북춤만 국가무형문화재 제21호로 지정되었고, 통영 검무는 1987년에 국가문화재로 추가되었다.

조선의 중앙 정부는 큰 행사가 있을 때 서울 장악원의 기녀만으로는 모자라서 지방 교방청의 기녀들을 불러 올렸다. 지방에서 서울로 선발되어 올라가는 기녀를 선상기(選上妓)라 부른다. 각 지방에서 올라온 선상기 사이에 그리고 선상기와 서울의 기녀 사이에 기예 교류가 이루어진다. 검무도 마찬가지이다. 선상기들은 서울의 행사가 끝나면 고향으로 내려가 교방청에 새로 배운 검무를 전달하고 그것과 각 지방의 특색이 섞이어 지방마다 독특한 교방청 검무로 발전하였다. 그것이 오늘날 각 지방 검무의 토대가 되었다. 진주와 통영 외에 호남 검무, 경기 검무, 해주 검무, 평양 검무, 밀양 검무는 모두 각 지역의 교방청 검무를 복원하거나 그것에서 유래한 것이다.

궁중 검무는 교방청 검무에서 유래한다

『악학궤범』은 1493년(성종 24년)에 편찬되었다. 이 책에는 검무가 수록되어 있지 않다. 조선 중기까지는 궁중에서 검무는 연행되지 않은 것이다. 검무가 궁중 기록에 처음 등장한 것은 1795년(정조 19년), 정조가 혜경궁 홍씨를 모시고 행차한 행사를 기록한 『원행을묘정리의궤(園幸乙卯整理儀軌)』이다. 검무는 이후 순조, 고종 시대를 거쳐 궁중 정재를 기록해 놓은 『진찬의궤(進饌儀軌)』, 『진작의궤(進爵儀軌)』, 『진연의궤(進宴儀軌)』에 검기무(劍器舞)란 명칭으로 기록되어 있다.* 궁중 검무는 지방의 교방청 검무가 서울로 전파된 것이다. 궁중 검무는 1990년대에 김천흥과 국립국악원이 복원하였다. 궁중 검무는 진주 교방청 검무와 비슷하여, 꺾이지 않은 곧은 칼을 사용하는데, 한삼춤은 없다.

---

* 백봉선, 앞의 글, 26쪽.

부산 검무의 창작을 기대하며

부산의 동래 교방청에서도 검무를 연행하였을 것이다. 그러나 그것은 복원되지 못했다. 예전에 동래 교방청에서 검무를 추었던 기녀들을 찾지 못했거나, 그런 시도가 없었기 때문이다. 시간이 지나면 지날수록 복원은 힘들 것이다. 그렇다면 다른 지방의 검무를 토대로 부산 정취가 풍기는 음악을 반주로 사용하여 새로 부산 검무를 창작할 수 있을 것이다. 영남지방의 탈춤은 모두 합천 밤마리에서 유래하였다. 그런데 수영, 동래, 고성의 탈춤은 복원되었으나 밤마리의 탈춤은 전승이 단절되었다. 최근 여타 지역의 탈춤을 참고하여 밤마리 탈춤을 복원하였는데, 이런 방식으로 부산 검무도 복원할 수 있을 것이다.

3부

지역적 조선무용

동해안별신굿

동해안별신굿(東海岸別神)은 부산 다대포로부터 강원도 고성에 이르는 동해안 어민들이 풍어를 비는 축제이다. 이 굿은 국가무형문화재 제82-1호로 지정되어 있다. 관리 단체는 부산광역시 기장군에 있는 '(사)국가무형문화재 동해안별신굿보존회'이다. 동해안별신굿이라는 이름만 들으면 저 멀리 강원도에서 연행하는 것 같지만 근거지는 부산이다.

동해안별신굿은 무당을 불러서 하는 마을 풍어제이다. 문화재청 국가문화유산포털에는 이렇게 나와 있다.

> 동해안별신굿은 동해안의 어촌 마을에서 마을의 수호신을 모시고 마을의 평화와 안녕, 풍요와 다산, 배를 타는 선원들의 안전을 빌기 위해 무당들을 청해다가 벌이는 대규모 굿이다. 풍어제, 풍어굿, 골매기당제라고도 하는 동해안별신굿은 1년 또는 2~3년마다 열린다.

굿은 집안 대대로 굿을 해 온 세습 무당이 하며, 부정굿, 골맥이 청좌굿, 당맞이굿, 화해굿, 각댁 성주굿, 천왕굿, 심청굿, 손님굿, 황제굿, 부인곤반굿, 용왕굿, 꽃노래굿, 대거리굿 등의 순서로 진행된다. (…)

이 설명을 보면 동해안별신굿의 기본 성격이 풍어제, 풍어굿이라는 점을 알 수 있다. 고기를 많이 잡으려면 선원들이 안전해야 하고 마을이 무탈해야 하니, 풍어굿이 그런 축원(祝願)도 자연스럽게 포함하게 된다. 동해안별신굿을 골매기당제라고 부르기도 하는데, 골매기는 마을의 수호신을 말하며 골매기당은 수호신이 머무르는 거처이다. 전통사회에서 마을 주민들은 마을 수

동해안별신굿

호신에게 매년 제사 지낸다. 그것을 동제(洞祭)라고 하는데, 동해안별신굿도 동제이다.

굿은 청하는 주체가 개인일 수도 있고 마을일 수도 있다. 개인이 행운을 빌 때 무당을 불러 굿을 하면 그것은 개인 굿이며, 마을이 하면 마을 굿이다. 군주가 국가의 안녕을 빌기 위해 무당을 불러 굿을 하면 나라 굿이다. 동해안별신굿은 마을 굿이다. 이것은 촌락 공동체의 굿인 것이다.

동해안별신굿이라는 이름에 들어 있는 '별(別)' 자의 의미는 이것이 매년 지내는 동제처럼 동네의 신(神)만 모시는 것이 아니라, 별도로 다른 신들도 모신다는 의미이다. 별신굿에서는 심청신이나 장군신들도 부른다. 그리고 별신굿은 과거에는 해마다 혹은 2~3년에 한 번씩은 열렸으나 현재는 굿에 들어가는 비용 문제로 3년이나 5년, 길게는 10년에 한 번씩 한다.

세습무(世襲巫)란 강신무(降神巫)와 대비되는 용어이다. 강신무는 신(神)이 몸에 실려서 직접 신어(神語)를 말하고 신어를 전달하는 무당인 반면, 세습무는 그런 것 없이 무당 집안에서 가업을 물려받아 무업에 종사하는 무당이다. 여자 무당은 주로 춤과 노래로 신을 모신다. 남자 무당은 무악을 연주하는 악사인데, 경기도 남부에서는 군웅굿과 같은 큰 굿을 담당하기도 하고, 동해안별신굿에서는 거리굿을 담당하고 촌극을 한다. 동해안별신굿은 김석출(1922~2005)의 할아버지로부터 딸까지 그의 집안에서 4대째 내려오고 있다.

굿 속에 굿이 있다

동해안별신굿의 설명에서 가장 혼란스러운 것은 굿의 순서에 다시 굿 이름이 나온다는 점이다. 별신굿은 여러 개의 독립적인 작은 굿들로 이루어져 있다. 작은 굿을 '굿거리' 또는 '거리'라고도 부른다.

부정(不淨)굿은 굿당의 부정을 청결히 한다는 뜻으로 굿의 맨 처음 행하는 거리이다. 굿당은 보통 마을 어촌계가 해변 모래사장에 준비한 간이 천막인데 여기서 주로 굿을 한다. 무녀는 굿당 이곳저곳에 물을 뿌리고, 소리를 하며 춤을 춘다. 〈동해안별신굿 1994년〉 영상을 보면, 양팔을 아름답게 움직이는 춤이 나온다.[12] 이 사위는 나비처럼 예쁘다고 하여 나비무관이라고 부르는 사위의 일종이다. 무녀들은 춤사위를 동해안별신굿 무관이라고 부른다.

부정굿이 끝나면 당맞이굿을 한다. 마을 가운데 성황나무의 제당에서 무녀는 축원하고 춤을 추며 마을의 안녕과 풍어를 빈다. 굿에서 무녀가 추는 춤을 굿춤이라고 한다. 이 굿거리에서 무녀는 축원 사이사이에 앞으로 뒤로 걸어가며 양팔을 옆으로 벌려 하늘을 안는 듯한 동작을 취한다. 이 동작은 나비무관의 일종이다. 그다음 양발을 번갈아 빠르게 땅을 디디며 원을 그리며 돌고, 제자리에서 회전하며 양손을 번갈아 하늘로 휘젓는 사위가 이어진다. 한 손에는 부채를 들고 있다. 이것은 신맞이춤이라고 연구자들이 부르는데, 무녀들은 손신무관이라고 한다. 신맞이춤이 손신무관이라는 명칭보다 굿춤의 의미를 더 잘 알려준다. 1980년대 이후 연구자들이 동해안별신굿 굿춤의 동작들에 14개 정도 이름을 붙였지만 무녀들은 사용하지 않는다고 한다. 무녀들은 어릴 때부터 굿판에서 춤을 보고 배워서 춤동작을 지시하는 용어를 별로 사용할 필요가 없었던 것이다.* 나비무관과 손신무관은 무녀들이 사용하는 용어이다.

성황나무 제당에서 굿을 마치면 골매기 서낭대를 앞세우고 마을 사람들과 함께 무녀와 악사들은 행렬을 지어 서낭당으로 간다. 서낭대는 마을 수호신인 골매기 신을 상징하는 장대이다. 제단에서 무녀는 골매기 할아버지를 모시러 춤을 춘다. 당맞이굿은 일반 마을의 동제나 다름이 없다. 보통 동제는 무당을 청하지 않고 마을 사람들이 지내지만, 별신굿에서는 무녀에게 맡기는 것이다. 당맞이굿이 끝나면 '골맥이청좌굿'이 굿당에서 이어진다.

'골맥이청좌굿'에서 골맥이는 골매기인데 '고을막이'을 줄여서 부르면 그렇게 발음이 나온다. '고을막이'란 마을을 막아주는, 수호해주는 신(神)이다. 청좌(請坐)는 앉힌다는 뜻이다. 골맥이청좌굿은 골맥이 신을 불러 좌정하기를 바라며 무녀가 노래하며 춤추는 굿거리이다. 이때 골맥이 신만 부르는 것이 아니라 이 신을 따라 다니는 수비사자들도 부른다. 수비사자는 큰 신을 따라 다니는 하졸신(下卒神)이다.

쾌자(快子)에 띠를 두르고 무녀는 청배무가(請拜巫歌)를 부른

* 전성희, 「굿춤 전승 지식의 재생산과 '몸-지식'의 근대적 변화–동해안별신굿 무관[춤사위]를 중심으로」, 『실천민속학연구』 제34호, 실천민속학회, 2019, 146-148쪽.

다. 쾌자는 겉옷 위에 덧입는 옷이며, 청배무가란 무당이 신을 청해 자신의 몸에 들이기 위해 부르는 노래이다. 무녀는 한 시간가량 청배무가를 부르고 나서, 손신무관을 춘 뒤 어포를 들고 허리를 굽혔다가 어깨를 비틀며 몸을 떨어 마치 신이 강신하는 듯한 분위기를 연출한다.* 손신무관이란 뛰다시피 양발을 번갈아 디디면서 양팔을 격렬하게 흔들며 몸을 위아래로 빠르게 움직이는 동작이다. 이것은 보통 사람들이 도무(跳舞)라고 부르는 것인데, 동해안별신굿의 대표적 춤사위이다. 몸을 떠는 동작을 토구름이라고 부른다. 이것은 갈수록 자주 생략되고, 빠른 속도로 높이 뛰면서 추는 손신무관만이 강조되고 있다.

화회(和會)굿은 마을 수호신과 여러 제신들에 함께 와서 자리를 즐기기를 기원하는 굿거리이다. 굿당을 부정 치고 청좌해 모셨으니 즐기라는 것이다. 무녀는 축원을 하고 춤을 춘다. 무녀는 가벼운 손동작으로 춤을 시작한다. 이것은 나비무관의 하나이다. 나비무관은 아름답게 팔을 움직여 신(神)을 기쁘게 해주려는 의미가 담겨 있다. 그리고 나비무관은 빠르고 격렬한 동작의 손신무관이 나오기 전에 등장하여 손신무관을 준비한다. 이 사위에 이어 무녀는 느리게 돌다가 제단에 절은 한다. 위의 인용문(182쪽)에서 '화해굿'은 화회굿의 오타일 것이다.

세존굿은 무녀가 화려한 겉옷인 활옷을 입고 고깔을 쓰고 진행한다. 무녀는 앉아서 머리를 숙인 채 양팔을 앞으로 내어 아

---

* 전성희, 위의 글, 160쪽.

래위로 빠르게 흔든다. 그리고는 몸을 일으켜 세워서 팔을 위로 들었다가 아래로 후려치기를 반복한 다음, 일어서서도 이런 동작을 반복한다. 이것은 손신무관의 일종이다.

각댁성주(城主)굿은 그냥 성주굿이라고도 부른다. 성주굿에서 무녀는 성주풀이를 한다. 성주풀이는 솔씨를 뿌리고 거기서 나무가 자라고 그것을 베어 집을 짓는 과정을 구연(口演)하며, 집안 사람들의 성공과 행운을 비는 축원 소리이다. 성주풀이를 마치면 굿을 주재하는 무당을 도와주는 보조 무녀들이 등장한다. 조무들은 병신춤과 바라춤을 춘다. 이것들은 굿의 본체가 아니라 굿을 구경하는 동네 사람들을 즐겁게 하기 위한 오락성의 춤이다.

천왕(天王)굿은 천왕께 인간의 복을 발원하는 내용이다. 그런데 천왕신의 성격이나 거리의 특징이 분명하지 않다. 이 굿이 끝나면 양중들이 들어서서 원님놀이를 한다. 양중은 세습무권에서 집안 대대로 음악을 세습하는 남성 악사를 일컫는 용어이다. 남자 무당을 양중이라고도 한다. 원님놀이는 원님과 아전들의 이야기이다.

심청굿은 무녀가 〈심청가〉를 창(唱)하면서 심청신을 부른다. 청배(請陪)무가인 〈심청가〉는 고대소설 『심청전』과 같은 내용이다. 이 굿에는 심청이 아버지의 눈을 뜨게 해준 것처럼 심청신이 동민들의 안질을 없애주고 시력을 좋게 해주기를 바라는 소망이 담겨 있다.

굿거리는 계속 이어진다. 동해안별신굿 내에서 굿거리의 관계를 재차(第次)라고 하는데 이것의 순서는 사정에 따라 바뀌거나 생략되기도 한다. 물론 기본적인 굿거리는 빠지는 법이 없다. 동해안별신굿의 중심 거리는 용왕(龍王)굿이다.

용왕굿은 바다의 용왕에게 바람을 막아 어민들이 안전하게 고기를 많이 잡게 해달라고 기원하는 굿이다. 안전과 풍어를 빌기 위해 선주와 어촌 주민이 많이 참석한다. 선주들은 각자의 제물을 준비해서 제물대에 바치고 절을 한다. 무녀는 신대라고 부르는 긴 장대를 잡고 항아리 위에 서서 축원한다. 항아리는 바다를 뜻하며, 장대는 인간과 하늘을 이어주는 통로를 상징한다.

왜 굿을 하는가?

동해안별신굿은 지금도 실제로 마을에서 연행되고 있다. 현재 서해안의 배연신굿이나, 경남 통영과 거제도를 중심으로 행해졌던 남해안별신굿의 경우에는 실제로 연행할 곳이 없어 무대 공연의 형태로 진행되고 있다. 우리나라 해역에 무당이 주도하는 마을 굿 중에서 동해안별신굿을 제외하고 전승지역과 향유 주체가 거의 해체되었다.* 무당이 없으면 굿이 성사되지 않고, 무당이 있다 해도 향유하고 소비하는 마을 사람의 요구가 없다면 굿이 이루어질 수 없다.

마을 사람들은 굿을 전승하고 소비하는 주체이다. 이들은 왜

* 윤동환, 「동해안별신굿의 연행요소와 유형」, 『민속연구』 제19집, 안동대학교 한국학연구원 민속학연구소, 2009, 260-261쪽.

동해안별신굿의 치성 모습

무당에게 돈을 주고 굿을 할까? 그들은 무당이 용왕신에게 빌면 정말로 효과가 있다고 믿는 것일까? 동해안별신굿은 평균 남자 무당 5명과 여자 무당 6명이 굿거리 20개 정도를 4~5일 동안 연행한다.* 아주 규모가 커서 경비도 상당하다. 이렇게 돈이 많이 들어가는 굿을, 재미있는 공연을 보기 위해서나 마을 주민의 단결만을 위해서 할 수는 없다. 마을 사람들이 굿을 하는 것은 종교적 이유 때문이다.

---

* 박경신, 「동해안 별신굿의 구성 방법과 그 특징」, 『구비문학연구』 1권, 한국구비문학회, 1994, 35쪽.

원래 인간은 두 세계 속에서 살아간다

엘리아데에 따르면 인간은 신성(神聖)과 범속(凡俗)이라는 두 개의 양상을 살아간다.* 신성(sacred)의 양상이란 인간에 비해 압도적으로 거대한 힘을 지닌 초월적 존재에 의지하며 살아가는 것이며, 범속(profane)이란 초월적 존재를 부정하고 모든 것은 자연의 힘 내에 있다고 믿는 생활방식이다. 초월적 존재를 믿는 사람을 종교적 인간이라고 부를 수 있다. 전통사회의 인간은 종교적 인간(homo religiosus)이다. 종교적 인간이란 특정 종단에 소속된 신자를 말하는 것이 아니다. 매주 교회에 가면서도 종교적 체험을 하지 못하는 사람도 많다. 이들은 종교적 인간이 아니다.

종교적 인간은 일상적 사물을 완전히 다른 것으로 지각한다. 보통 현대인에게 돌은 돌이며, 나무는 그냥 나무이다. 그러나 원시인은 특정한 돌이나 나무를 신이 현현(顯現)한 것으로 본다. 이런 현상을 현신(現身, hierophany)이라고 부른다. 가장 단순한 현신은 신성한 존재가 돌이나 나무 같은 일상적 사물에 현현하는 것이며, 고차원적 현신은 신이 예수에게 현현하는 것이다. 종교적 인간이라고 해서 언제나 돌을 신의 현현이라고 지각하는 것은 아니다. 보통 때는 돌은 그냥 돌이며, 아주 특별한 경우에 특정한 돌만 신의 현신이다. 그러니 종교적 인간은 신성과 범속의 두 가지 존재 양상으로 살아가는 것이다.

---

* Mircea Eliade, *The Sacred and The Profane*, tr. Willard R. Trask, Harcourt Brace Jovanovich, 1987, 14쪽.

현대인은 돌이나 나무에 신성한 존재가 현현한다는 점을 받아들이기 어렵다. 반면 전근대인들은 어떤 것이든 신성한 존재로 바라볼 수 있었다. 돌이 신의 현현이라고 하더라도 돌은 여전히 돌로 남아 있으므로 범속한 관점에서는 그것이 다른 돌과 구별되지 않는다. 그러나 돌이 신성한 존재를 드러낸다고 보는 사람에게는 돌은 초자연적 존재로 변질되었다. 일상적 사물이 신성한 존재로 다가오는 경험을 종교적 경험이라고 부른다. 종교적 경험을 할 수 있는 사람에게는 모든 자연은 신성한 존재를 드러낼 수 있다. 굿에서 사용하는 장대 역시 신성한 존재이다.

동해안별신굿은 종교적 체험을 다시 살려낸다

무당을 불러 동해안별신굿을 벌이는 과정에서 사람들은 종교적 경험을 한다. 부정 굿거리에서 무녀는 물을 뿌리고 춤을 추어 장소를 신성하게 만든다. 이제 천막 안의 공간, 굿당은 신이 머무를 수 있는 특별한 처소가 된다. 굿당과 주변의 공간은 물리적으로는 동질적이지만, 종교적 관점에 서면 굿당은 주변 공간과 완전히 다른 특별한 공간으로 변화한다. 그리고 무녀는 춤을 추어 자신의 몸을 신이 들어오는 신성한 처소로 만든다. 무당은 장소와 신체를 신성하게 만들어 신을 부를 수 있는 능력을 가진 존재이다. 그렇게 믿기 때문에 마을 사람들은 무당에게 돈을 주고 굿을 하도록 요청하는 것이다. 무당이 처소를 신성하게 만들기 위해 활용하는 수단은 주로 사설과 노래, 춤이다.

이 글은 무용에 대해 쓰는 것이니 춤에 논의를 한정하자. 동해안별신굿의 춤은 종교적 무용이다. 별신굿의 굿춤은 예술무용이나 오락무용이 아니라 처소를 신성하게 만드는 종교적 춤인 것이다. 예술무용은 관객이 예술 작품을 향유하도록 보여주기 위한 춤이며, 오락무용은 관객을 즐겁게 하기 위한 춤이다. 동해안별신굿 굿춤에도 오락무용이 포함되어 있다. 성주 굿거리에서 보조 무녀들이 나와 병신춤과 바라춤을 추는데, 이것은 굿당에 모인 마을 사람들을 즐겁게 하기 위해 추는 것이다. 그러나 이것은 별신굿이 본체를 구성하는 춤이 아니다. 그리고 동해안별신굿을 예술무용이라는 관점에서 보면 춤이 단조롭고 무용수의 기교도 훌륭하지 않다. 그런데 굿춤의 목적은 예술무용처럼 감정을 표현하거나, 메시지를 전달하거나, 형식미를 표출하여 관객을 감동케 하는 것이 아니라, 장소와 무녀의 신체를 성스럽게 만들어 신이 현현하도록 만드는 목적으로 추는 것이다. 그러니 굿춤이 예술무용처럼 고난도의 다채로운 사위를 구사할 필요가 없다.

필자가 볼 때 동해안별신굿에서 종교적 의미에 충실한 굿춤은 나비무관과 손신무관 두 종류 정도이다. 나비무관은 주로 팔동작을 사용하여 아름답게 추는 동작이다. 나비무관은 신을 즐겁게 하는 의미라고 필자는 이해한다. 이것은 무녀가 사설을 하는 중간중간에 그리고 손신무관의 직전에 나온다. 손신무관은 양발을 번갈아 땅에 디디면서 빠르게 양손을 흔들어 자아를 상실한 황홀경(ecstasy)의 상태를 상징한다. 무녀에게서 자아가 상실되면 무녀의 신체는 신이 들어올 수 있는 신성한 처소가 된다. 굿에서 신대가 범속한 장대가 아니라 신이 현현하는 특별한 존재가 되듯이, 손신무관을 추면서 무녀의 신체에 신이 현신한다. 이제 무녀의 신체는 인간과 신이 만나는 통로가 된다. 무녀는 자신의 입으로 말하지만, 그것은 신의 말을 마을 사람들에게 전달하고, 마을 사람들의 소망을 신에게 전달하는 것이다.

현대는 신성(神聖)이 사라진 시대이다. 현대인은 자신이 살아가는 세상을 탈신성화하고 범속한 삶을 받아들였다. 현대인은 범속의 존재 양상으로만 살아가는 것이다. 반면 전근대인은 범속과 신성의 실존 상황을 다 체험할 수 있었다. 현대인에게 실존의 폭이 오히려 협소해진 것이다. 동해안별신굿은 현대인에게 신성의 실존을 경험하게 해주어 인간의 존재를 넓게 확장한다. 현대인은 동해안별신굿을 보며 오랫동안 망각했던 신성의 체험을 다시 살려낼 수 있는 것이다.

동래고무(東萊鼓舞)

부산의 명소 동래 금강공원에는 부산민속예술관이 있다. 이곳은 1974년 부산시가 개관하여, 부산민속예술보존협회가 운영하고 있다. 협회 홈페이지에 들어가면 이사장의 인사말이 나온다.

> 부산민속예술협회는 동래지역에서 전승되는 전통 민속예술인 국가무형문화재 제18호 동래야류, 부산시 지정 무형문화재 제3호 동래학춤, 제4호 동래지신밟기, 제10호 동래고무, 제14호 동래한량춤을 충실히 보존 육성하며 발전시키는 단체입니다.

동래고무는 동래의 민속예술이 아니다

여기에 한 가지 오류가 있다. 야류, 지신밟기, 학춤은 민속예술이지만, 동래고무와 동래한량춤은 그렇지 않다. 동래고무는 조선의 관아 예술이며, 동래한량춤은 관아 예술인 승무로부

동래고무

터 20세기에 개발된 것이다. 동래고무는 이름처럼 동래지방의 민간인들이 향유하던 춤이 아니라, 중앙정부와 지방정부에서 모두 공연되었던 정재이다.

김온경이 동래고무를 복원하다

동래고무는 김온경 교수가 발굴하였다. 1985년 김 교수는 동래 권번의 기생이었던 김해월과 석국향에게서 춤사위를 전수하여 1987년 발굴 시연회를 열었다.* 동래 기생이 추었던 춤이었기 때문에 동래고무를 민속예술이라고 생각하기 쉽다. 그러나 이

---

* 김온경, 『동래고무 총람-부산광역시 무형문화재 제10호』, 부산민속예술보존협회, 1999, 28쪽.

춤의 연원을 살펴보면 고려의 궁중으로 거슬러 올라간다. 현재 우리나라에서 전승되고 있는 춤 중에서 가장 오래된 무악의 하나가 바로 동래고무인 것이다.

김해월과 석국향은 동래고무를 최송학이라는 사람에게 배웠다. 그런데 최송학은 누구에게서 배웠을까? 최송학의 스승은 틀림없이 동래 교방의 관기(官妓)였을 것이다.

1908년 조선 정부는 관기 제도를 폐지한다. 궁중 정재와 교방 정재를 연행하던 경기와 향기들은 관청에서 일자리를 잃고, 민간으로 들어간다. 1912년 하규일은 다동기생조합을 설립하여 기생들에게 시조 · 가곡 · 가사를 전수했다.* 그 후 기생조합은 권번(卷番)으로 이름이 바뀌어, 1924년 다동기생조합도 조선 권번으로 개칭하였다. 이것 외에도 서울에는 한성 권번, 대정 권번, 종로 권번 등이 있었고, 각 지방에도 교방이 있었던 자리에 권번이 생겼다. 기생들은 고급 음식점에서 '놀음'을 하고 돈을 벌었다. 권번은 기생이 놀음하도록 기생을 음식점에 연결해주고 수수료를 받는 중개업자 역할을 하면서, 기생에게 무악을 가르치는 교육기관의 구실도 하였다. 초기 권번의 선생은 관기들이다. 동래 관아에도 교방이 있었다. 동래 교방의 기녀들은 관기 제도가 폐지되자 동래 권번으로 들어갔다. 그들은 동래 교방의 정재들을 기생들에게 가르쳤고, 그중 하나가 김해월과 석국향에게 전승된 동래고무인 것이다.

---

* 박은영, 「조선 후기 궁중·교방 정재 및 민속무용의 상호교섭과 변모 양상」, 『한국문학과예술』 창간호, 한국문학과예술, 2008, 65-66쪽.

진주 교방 정재에 고무(鼓舞)가 있다

동래 교방의 관기들이 동래고무를 추었다는 기록은 없다. 그러나 진주 교방의 정재들은 정현석의 저서 『교방가요(教坊歌謠)』에 수록되어 있는데, 여기에 동래고무와 내용상 동일한 춤이 그냥 '고무'라는 이름으로 기록되어 있다.

> 북 틀을 방 중앙에 설치하고, 네 명의 기녀가 함께 절한다. 악단이 반주를 시작하면 기녀들은 소매를 늘어뜨리고 천천히 나와서 북을 돌면서 춤춘다. 마침내 북의 동서남북 4면에 선다. 어린 기녀가 북채를 두 개씩 기녀 4명 앞에 놓는다. 기녀 4명은 앉아서 춤추며 북채를 희롱하다가, 북채를 잡고 일어서서 춤춘다. 기녀 4명은 북 주위를 둘러싸고, 몇 번 북을 치는 척만 하다가, 먼저 북채 하나로 북을 치고, 다음에는 두 개로 친다. 그리고 북 주위를 돌면서, 몸을 뒤집고, 북을 친다. 북을 한번 칠 때마다 여러 기녀는 지화자를 제창한다. 제창이 끝나면 기녀 4인은 한번 몸을 뒤집고 한번 북을 친다. 8개의 북채가 마치 번개 같다. 마침내 기녀 4인은 북채를 그냥 두고 춤추다가, 함께 절하고 나간다.*

---

* 정현석, 성무경 옮김, 『교방가요-조선후기 지방 교방(敎坊)의 악·가·무(樂歌舞)』, 보고사, 2002, 185-186쪽.

교방가요-무고

위의 서술은 그림을 보면 더 이해하기 쉽다. 하단에 연주 악단 6명이 앉아 있다. 왼쪽에는 어린 기생 2명과 노래하는 기녀 3인이 서 있다. 어린 기생이 북채를 춤추는 기녀에게 갖다주었다. 동기 옆에 있는 3명의 기녀는 지화자 노래를 부른다. 그림의 중앙에 북 하나가 놓여 있고, 그 주위를 4명의 기녀가 돌면서 북을 친다. 북을 칠 때 기녀들이 몸을 뒤집는다는 표현이 두 번 나온다. 이 동작이 고무에서 가장 인상적인 동작이라고 정현석은 느꼈을 것이다. 이 서술만으로 아직 몸을 뒤집는 번신(翻身) 사위가 형상으로 잘 떠오르지 않을 것이다. 번신 동작은 동래고무 공연을 보면 금방 알아차릴 수 있다.

동래고무의 구성

동래고무는 6장으로 구성되어 있다. 1장에서 4명의 원무(元舞)가 나와 북채 앞에서 절하고 일어서서, 서로 마주 보고 춤추고(대무), 서로 등을 돌리고 춤춘다(배무). 원무란 주연급 무용수이다. 주연이 있다면 조연도 있는 것이다. 조연급 무용수를 협무라고 부른다. 동래고무와 달리 진주고무에는 협무가 없다. 대무와 배무는 고무 외의 다른 정재에도 자주 나오는 일반적 동작이므로, 진주고무에서도 기녀 4인이 그런 춤을 추었을 것이다.

동래고무에는 여타 정재에서는 보기 힘든 독특한 사위가 몇 개 나온다. 그중 하나가 '어깨맞이' 사위이다. 무용수 한 쌍이 왼쪽 어깨를 대고 회전하는 것이다. 이와 비슷한 동작은 6장의 '옆실이' 사위이다. 이것은 무용수 한 쌍이 자신의 왼팔로 상대를 허리를 감고 오른팔을 위로 뿌리면서 회전하는 동작이다. 무원 한 쌍이 몸을 맞대고 회전하는 동작은 현대 스포츠 댄스에서 볼 수 있는 매우 관능적 동작이다. 필자는 아직 국립국악원의 정재 공연에서, 그리고 『악학궤범』이나 『정재무도홀기』의 서술에서 이런 사위를 발견하지 못했다.

2장에서 4명의 원무가 북채를 소매 안에 넣고 북 주위를 돈다. 진주고무에서도 이런 장면이 서술되어 있다. 3장에서 원무 4인은 북에 접근하여 한삼을 북에 걸며 북을 치는 척한다. 진주고무에서도 기녀들이 북 주위를 둘러싸고, 몇 번 북을 치는 척만 한다는 서술이 나온다. 원무 4명이 왼팔, 오른팔로 바꾸어 가면서 북을 치는 척할 때 협무 4인이 등장한다.

4장과 5장에서 원무 4인은 북을 북채 하나로 치고 몸을 뒤집는다. 협무 4인은 그 주위를 돌면서 공간을 넓히고 충만하게 한다. 몸을 뒤집는 번신사위는 진주고무에서 두 번 언급된 동작이다. 이 동작은 무고 이외의 정재에서는 발견하기 힘든 독특한 동작이며 아주 아름답다. 보통 정재는 현대 관객들이 보기에 지루하다. 동작이 양팔을 수평으로 드는 평사위나 두 손을 위로 올려 좌우로 뿌리는 사위 등 평범하기 때문이다. 이런 동작들은 동래고무에서도 자주 나온다. 그런데 이것 말고 동래고무에는 어깨맞이와 옆실이처럼 관능적인 동작, 번신사위처럼 화려한 동작이 자주 등장하여 관객의 눈길을 사로잡는다. 번신사위를 거듭하다가 원무 4인은 북채 2개로 북을 친다. 북소리는 더 크게 난다. 진주고무에서도 기녀 4인이 처음에는 북채 하나로 치고, 다음에는 두 개로 친다는 서술이 나온다.

6장에는 원무와 협무가 서로 어울려 8인이 한데 추는 통합 동작이 나온다. 그중 하나는 원무 4인과 협무 4인이 북을 향하여 다가갔다가 물러가고를 엇갈리게 하는 '엇바꿈사위'이다. 다른 하나는 원무와 협무가 네 쌍을 이루어 서로 마주 보고 각자 한 발을 들고 다른 발로 이중 도약을 하는 연풍대 동작이다. 이 두 동작 역시 다른 정재에서 보기 힘든 것이며, 공간을 역동하게 만들고, 힘이 솟구치게 한다.

고려 향악 무고(舞鼓)

진주 교방 정재 고무는 뿌리가 고려시대로 거슬러 올라간다. 고려시대에는 고무(鼓舞)를 무고(舞鼓)라고 불렀다. 『고려사(高麗史)』「악지(樂志)」에 다음과 같은 구절이 나온다.

> 악관(樂官) 2인이 북과 북 틀을 방 가운데 놓는다. 여러 기녀가 〈정읍사(井邑詞)〉를 노래하고, 악단은 향악(鄕樂)으로 그 곡을 연주한다. 먼저 기녀 2인이 나가서 좌우로 나누어 북의 남쪽에 서서, 북쪽을 향하여 절을 한다. 그리고는 꿇어 앉았다가 두 손을 모으고 일어나 춤을 춘다. 음악이 한 번 끝나는 것을 기다려서, 두 기녀는 북채를 잡고 일어나 춤을 추는데, 좌우로 나누어 북을 끼고 한 번 나아갔다 한 번 물러났다 한다. 그다음 북의

주위를 돌며 마주보기도 하고 등지기도 하며 빙빙 돌면서 춤을 추다가, 북채로 북을 두드린다.

고려의 무고는 북 하나에, 춤추는 기녀는 2인이다. 다른 기녀들은 〈정읍사〉를 부른다. 〈정읍사〉 가사는 조선 성종 때 발간된 『악학궤범』에 나온다. 고려의 향악 무고는 기녀들이 북 주변을 돌며, 북을 치는 춤이므로 진주고무의 옛날 형태이다. 『고려사』 「악지」에는 정재라는 말이 쓰이지 않는다. 중국계의 무악은 당악(唐樂)이라 하고, 우리나라의 무악은 향악(鄕樂)이라 한다.* 그러다가 조선 초부터 오양선 정재(五羊仙呈才), 아박 정재(牙拍呈才), 무고 정재(舞鼓呈才) 등 정재라는 용어가 본격적으로 사용되기 시작한다.

고려 향악 무고는 영덕에서 처음 창작되었다

고려의 향악 무고는 궁중이 아니라 지방에서 먼저 생긴 무악이다. 앞에 인용한 『고려사』 「악지」 다음에 무고의 유래에 관한 설명이 나온다.

시중(侍中) 이혼(李混)이 좌천되어 영해(寧海)에서 벼슬살이를 하게 되었는데, 바닷가에서 떠다니는 나무를 얻어 무고를 만드

---

* 박은영, 앞의 글, 46-47쪽.

니, 그 소리가 굉장(宏壯)하였다. 그 춤은 이리저리 자꾸 달라져서, 한 쌍의 나비가 꽃을 둘러싸고 몸을 뒤집으며 날아가는 듯하고, 두 마리의 용이 구슬을 사납게 다투는 듯하여, 악부(樂部) 가운데 가장 기묘한 것이다.

영해는 오늘날 경북 영덕이다. 나비 한쌍이 꽃 주위를 돌면서 몸을 뒤집는다는 표현이 나온다(翩翩然雙蝶繞花). 고려의 무고에서는 기녀는 2인이므로 그들은 한쌍의 나비이고, 북은 꽃처럼 보였던 것이다. 이 동작은 동래고무의 번신사위를 말하는 듯하다.

정재는 대개 궁중에서 창작되어 지방으로 전파되었다. 그러나 반대도 있다. 조선 후기에 검무(劍舞), 선유악(船遊樂), 항장무(項莊舞), 사자무(獅子舞)는 지방의 교방에서 창작되어 궁중으로 유입되었다.* 무고도 지방에서 먼저 탄생하여 궁중으로 들어갔다. 조선의 교방 정재를 궁중 정재의 단순한 아류라고 보면 안된다. 교방에서 궁중으로 들어간 것도 있고, 교방에만 있고 궁중에는 없는 정재도 있다. 승무는 교방에만 있을 뿐 궁중 정재에는 없다.

『악학궤범』 제5권 시용향악정재도의 편에 무고(舞鼓)의 절차가 기록되어 있다. 여기서는 춤추는 기녀는 8인이며 북도 8개이다. 고려의 무고처럼 춤출 때 악단은 〈정읍사〉 악곡을 연주하며,

---

* 조경아, 「무고(舞鼓) 정재의 가무악 요소에 담긴 의미와 그 역사성」, 『한국무용사학』 제13호, 한국무용사학회, 2012, 42-43쪽.

여러 기녀들은 〈정읍사〉 노래를 부른다. 〈정읍사〉는 "둘하 노피곰 도두샤/어긔야 머리곰 비취오시라/어긔야 어강됴리"로 시작한다. 이 노래는 집 떠난 남편이 혹시나 다른 여성과 애정 관계를 맺을까 두려워하는 부인의 마음을 그리는 내용이다.

무고 정재에서 가사가 바뀌고 춤이 강조되다

무고 정재의 노래 가사는 중종 대에 〈정읍사〉에서 〈오관산(五冠山)〉으로 바뀐다. 중종은 대제학 남곤에게 지시하여 악장(樂章) 즉 정재의 노래 가사에 남녀의 사랑 이야기, 그리고 부처와 관련된 것은 고치라고 명령했다. 남곤은 전문가와 상의하여 무고 정재의 〈정읍사〉가 남녀상열지사라고 보고 〈정읍사〉와 음률이 맞는 〈오관산〉으로 교체했다. 〈오관산〉은 아들이 어머니를 사랑하는 효도의 노래이다. 사랑은 사랑이되 남녀 사랑이 아니라 모자(母子)의 사랑으로 바뀐 것이다.

순조 대에 효명세자(1809~1830)는 무고 정재의 창사 즉 노래 가사를 다시 바꾼다. 효명세자는 순조의 40세 생신과 즉위 30년을 경축하여 열린 1829년의 진찬 때 무고 정재의 악장을 새로 만들었다. 가사의 내용은 춤추는 기녀의 아름다움을 찬탄하는 것이다. 이제 무고 정재에서 부부의 사랑이나 모자의 사랑 같은 교훈적 내용은 빠지고, 순전히 유희성만 남게 되었다.

무고의 구조도 춤을 강조하는 방향으로 변화한다. 『악학궤범』에서 8개이던 북이 하나로 줄어든다. 북이 줄어들면 북소리는 작아지게 된다. 북소리가 작아지고 가사의 내용에서 교훈성이 사라지면, 무고 정재에서 춤이 가장 중요한 요소로 부각한다. 『악학궤범』에는 8명의 무용수가 모두 북을 치지만, 조선 후기로 가면 북을 치는 무용수는 4명으로 한정된다. 이들을 '원무'라고 부른다. 북을 치지 않고 춤만 추는 무용수는 '협무'라고 한다. 협무의 숫자는 대개 4명인데, 1893년(고종 30년 계사년) 3월에 거행된 양로연에서는 원무가 4명, 협무가 8명이다.* 조선 전기에는 모든 무원이 북채를 들고 북을 쳤지만, 조선 후기에는 북을 울릴 수 없는 협무가 원무와 같거나 더 많이 배정되어 춤이 더 강화되었다.

무고 정재에서 가사의 비중이 줄어들고 춤의 요소가 강화되는 것은 진주고무에서도 마찬가지이다. 여기서 가사는 그냥 '지화자'이다. 이것은 그냥 흥을 돋우기 위한 소리이다. 동래고무의 가사도 진주고무처럼 '지화자'이다.

무고 정재를 지방에서는 고무라고 한다. 고무는 진주뿐 아니라 조선 팔도의 교방에서 인기리에 공연되었다. 평안도의 평양, 삼화, 성천, 영변, 정주에서도 공연되었고, 황해도 해주에서, 전라북도 무주에서도 고무가 공연되었다.** 동래 교방에서도 고무가 연행되었다. 이것이 동래 권번의 기생에게 전승되었고, 그들을 통하여 김온경 교수는 정재 무고를 복원한 것이다. 이것은 동래지방의 고유한 무악이 아니라, 고려 때부터 내려오는 정재이다.

---

* 성무경, 이의강 책임 번역, 『(완역집성)정재무도홀기』, 보고사, 2005, 73-74쪽.

** 조경아, 앞의 글, 65쪽.

동래고무의 현대화

정재의 의미를 직접 드러내는 것은 창사이다. 무고 정재의 창사는 여러 번 변화를 겪었다. 남편을 사랑하는 아내의 노래인 〈정읍사〉가 효자의 노래인 〈오관산〉으로, 그리고 기녀의 춤추는 모습을 찬탄하는 것으로, 마지막에는 흥을 돋우는 소리로 바뀌었다. 이것을 보면 무고 정재의 의미는 시대와 역사 속에 있다는 점을 알 수 있다.

무고 정재의 의미는 고정된 것은 아니다. 동래고무라는 이름으로 복원된 무고 정재는 현대의 정신을 반영하여 다시 변화시킬 수 있을 것이다. 예를 들어 지화자 대신 부산의 정신과 지향을 담은 창사를 새로 쓰고, 거기에 맞추어 반주 음악도 바꾸어, 춤을 출 수 있는 것이다. 춤은 더 바꿀 필요가 없을 정도로 훌륭하다.

무고 정재는 의미와 형태가 계속 바뀌어 왔다. 동래고무는 조선 후기 무고 정재의 형태이다. 그 원형은 보존하되, 현대의 무고 정재를 새로 창작할 수 있다. 현대적 창사와 음악으로 변화된 신동래고무를 부산시의 공식 연향이나 행사에서 보게 될 날을 기대한다.

동래야류

인간의 사상과 감정은 말로 다 표현하지 못한다. 그래서 노래하고, 노래도 부족하여 신체를 움직여 춤춘다. 동래야류의 탈놀이는 시와 노래, 춤이 섞인 가무극이므로, 인간의 감정과 사상을 표현할 것이다. 그것이 무엇일까? 동래야류가 표출하는 내면이 무엇인지 필자는 여기서 탐구하고자 한다.

지금까지 동래야류 연구는 몇 가지 부족한 점이 있다. 첫째는 외적 형태의 서술에 머물고 있다는 점이다. 대개 해설서에는 동래야류 각 과장의 전개와 춤사위와 재담이 서술되어 있다. 이런 것들은 작품의 내면에 대한 접근이 아니다. 둘째, 많은 사람은 동래야류에서 특권계층에 대한 서민의 저항만 부각한다. 그러나 이것은 야류의 일부이지 전부가 아니다. 셋째, 동래야류의 원형을 제대로 파악하지 못하고 있다. 현재의 동래야류는 1960년대 후반 변형된 것이지 원형이 아니다. 이 점을 모르면 현재의 형태를 가지고 아무리 열심히 연구해도 동래야류의 원형에 대해서는 논의가 비껴가게 되는 것이다.

동래야류

동래야류의 원형이 무엇인지부터 살펴보자. 동래야류가 언제부터 어떻게 연행되었는지 20세기 전에는 기록이 없다. 그 최초의 기록을 최근 이훈상 교수가 찾아내었다.* 이 교수는 1918년에서 1919년 무렵 동래 유지 이광욱이 쓴 서간문에서 '야류계(夜遊契)'라는 조직의 존재를 확인했다. 야류계는 야류의 연행을 위해 조직한 단체이다.

동래야류는 들놀음(野遊)이 아니라 밤놀음(夜遊)이다

지금까지 동래 탈놀음은 들에서 노는 '야류(野遊)'라고 알고

---

* 이훈상, 「식민지기 경남 지역사회의 탈춤 '부흥' 운동과 주도자들-동래 야류 연행의 문화정치학」, 『대동문화연구』 제79집, 성균관대학교 출판부, 2012, 385-387쪽.

있었다. 예로부터 농민들은 오곡이 풍부하게 수확되기를 기도하고, 인간에게 먹을 것을 많이 가져다준 하늘과 대지의 은혜에 감사하는 가무를 연행해왔다. 동래야류도 그런 들놀음으로 이해되어 '野遊'로 적힌 것이다. 그런데 야류 연행 조직은 자신의 이름을 '야류계(夜遊契)'로 적었다. 그들은 동래야류를 들놀음이 아니라 농업 생산과 상관없는 여흥으로 간주하고 있었던 것일까? 아니면 이광욱이 '野遊'를 '夜遊'라고 잘못 쓴 것일까?

동래야류를 최초로 연구한 학자는 송석하이다. 1933년 학술지 『조선민속』 제1호에 실린 논문 「오광대 소고」에서 송석하는 야류를 한자로 '野遊'라고 쓰면서 '야류'로 발음한다고 명시한다.* 그러면서 그는 야류를 일부 지방에서는 '冶遊(불매놀음)'라고 생각하는 의견도 있다는 점도 소개한다. 불매는 풀무의 방언이니, 불매놀음이란 풀무처럼 화끈하게 논다는 의미일 것이다. 그러나 송석하는 이 의견에 동의하지 않으며, 야류가 동래에서는 낙민동 논바닥에서, 수영에서는 너른 마당에서 각각 흥행하여 왔으므로 '野遊(들놀음)'라고 해석한다.**

송석하는 경남지방에서 사람들이 탈놀이를 '야류'라고 부르는 것을 들었다. 그런데 어떤 사람도 송석하에게 야류가 들놀음의 야류라고는 말하지 않았다. 그는 그런 말을 들은 적이 없다. 따라서 야류가 들놀음의 야류라는 것은 순전히 송석하의 의견에 지나지 않는다. 이훈상 교수는 송석하가 경남지방을 다니며 가

* 송석하, 『한국민속고』, 일신사, 1960, 210쪽.

** 송석하, 위의 책, 212쪽.

면극을 연구하던 시절보다 10여 년 전인 1918년경의 기록에서 야류가 "야류(夜遊)"라는 점을 찾아내고, 야류는 밤놀음일 수 있다는 가능성을 열어두었다. 동래야류의 연행방식이나 내용을 보면 야류가 들놀음보다는 밤놀음에 더욱 가깝다고 필자는 생각한다.

동래야류는 양반에 대한 서민의 저항이 아니다

동래야류가 농촌의 들놀음이 아니라는 점은 동래야류 연행을 후원하는 단체를 보아도 짐작할 수 있다. 그 단체는 '기영회(耆英會)'이다. 중앙정부의 기영회는 왕족과 원로 고위관리의 모임이나 잔치이다. 반면 동래 기영회는 무청(武廳)에서 무임(武任), 즉 장교로 일하다 퇴임한 사람들과 지방정부의 하급 관리인 이서(吏胥) 집단의 퇴임자들이 각기 결성한 조직을 합쳐 19세기 중반에 새로 결성한 조직이었다.* 19세기 후반에 기영회가 야류를 주도하여 정착시켰다. 일제 치하에서 기영회는 동래 지역의 각종 의례를 주관하며 전통문화 형성에도 기여하였다.**

그리고 1916년 7월에 결성된 '속영회(續英會, 또는 속영계)'는 기영회의 청년 조직에 해당한다. 속영회 회원들은 기영회와 마찬

---

* 황경숙, 「동래야유 연구-양반과장에 나타난 세계관을 중심으로」, 『국어국문학』 27권, 부산대학교국어국문학과, 1990, 476-478쪽.
** 손숙경, 「한말 식민지기 동래지역 기영회의 사회활동과 경제기반」, 『석당논총』 제68집, 동아대학교 석당학술원, 2017, 218-221쪽.

가지로 향리나 무임을 역임한 사람 혹은 이들의 후손이다. 기영회가 통상 50세 이상의 연로한 사람 중심으로 결성된 노년 집단인 데 반해, 속영회는 기영회 회원보다 좀 더 나이가 적은 인물들로 구성되었다. 속영회 회원들은 일정 연령에 이르면 기영회에 입회한다.*

식민지 시기 야류의 주요 연희자들은 속영회 회원이다. 이훈상 교수의 연구에 따르면 연희자 8명 중 7명이 속영회 회원이다.** 이들은 구한말 이전 자신들의 선조들이 연행하여 왔던 것을 계승한 것이다.

동래야류의 후원자나 연희자는 19세기에는 농민이 아니라 향리나 장교들이었고, 일제 치하에서 그들의 후손이었다. 그러므로 양반 과장(科場)에 말뚝이가 양반을 모욕하는 장면이 나타난다고 하더라도 이것을 단순히 계급적 갈등이라고 단정하면 안 되는 것이다.*** 지방정부의 향리와 장교들은 중인으로, 양반과 더불어 지배층의 일각을 구성하는 계층이었지 상민이나 천민은 아니었다. 동래야류의 생산 주체(연행 주체)는 농민이 아니라 하급 지배층이었던 것이다. 이 때문에 동래야류는 다른 탈춤과 달리 특권계층에 대한 피지배계층의 저항적 성격이 약하다. 그보다 중인계층은 신분 상승 욕구가 지대하여 이들이 후원하는 탈춤은 그들의 권력 의지를 표출하고 있다.

---

* 손숙경, 위의 글, 224쪽.
** 이훈상, 앞의 글, 416-418쪽.
*** 황경숙, 앞의 글, 472쪽.

현재 동래야류의 제3과장은 괴물 영노가 등장하여 양반을 잡아먹는 내용으로 구성되어 있다. 이것은 양반 계층에 대한 피지배계층의 분노처럼 보인다. 그러나 영노 과장은 원형 동래야류에는 없었다. 이것은 1960년대 후반 이후에 추가된 것이다.

1928년 동래야류의 원형이 확립되다

이훈상의 연구에 따르면 1928년까지 동래에서 탈놀음은 줄다리기와 별도로 연행되었다. 동래에서 줄다리기 대회는 옛날부터 있었던 것이 아니라 1923년에 처음 열렸다. 야류는 그 이전에도 연행되었지만, 줄다리기는 그렇지 않았던 것이다. 야류가 줄다리기와 연동된 것은 1928년이 처음이었다.* 몇 년 전부터 두 행사가 제대로 열리지 못해 지역민의 관심도 적었고, 동래지역 경제도 불황이었기 때문에 탈놀이와 같은 오락으로 지역에 활기를 불어넣기 위해 줄다리기와 야류의 연동이 기획된 것이다.

그러나 문제가 생겼다. 줄다리기를 준비하는 동래청년회에서 탈춤이 풍속을 저해한다고 비난하면서 탈춤의 연행을 거부한 것이다.** 탈춤의 대사와 노래, 춤 중에는 풍기문란의 비난을 받을 여지가 상당히 있었다. 야류뿐 아니라 다른 탈놀이에도 남자와 여자의 노골적 성희 묘사 동작이 포함되어 있었고, 대사에 음담패설이 많이 섞여 있었다. 이 때문에 당시 다른 지역에서도 탈춤

* 이훈상, 앞의 글, 388쪽.

** 이훈상, 앞의 글, 391쪽.

의 연행을 반대하는 운동이 일어났다.

현재의 동래야류 제2과장 양반-말뚝이 마당을 보면 남자 둘이 뒤엉켜 남색을 연상케 하는 동작이 나오고, 말뚝이의 재담에는 "보지가 새빨갛다", "좆자리를 두루시 폅디다" 같은 비속어와 음담이 들어 있다. 1928년 연행 이전에는 여기에 이런 재담이나 동작이 훨씬 더 많았을 것이며, 영감 할미 과장에서도 영감과 할미, 그리고 영감과 각시 사이의 성희를 모방하는 춤이 자주 등장했을 것이다. 1928년 연행에서 이런 성적 언어와 동작들은 동래청년회의 요구를 받아들여 삭제되거나 수정되었다.

당시 상황은 이렇게 정리할 수 있다. 야류에는 관객의 흥미를 자극할 만한 내용이 많다. 그래서 줄다리기 측은 야류와 함께 행사를 치르기를 원했다. 반면 줄다리기 대회는 많은 사람이 참여하니 이것과 함께 야류를 연희하는 것이 흥행에 유리하다고 야류 측도 판단했다. 문제는 야류의 음담과 비속어, 그리고 성희춤이다. 야류 측은 이것들을 삭제하거나 줄이고 수위를 낮추었다. 그런데 그렇게 하면 야류의 흥미는 감소하므로, 화려한 가두행렬을 도입하여 해결했다.* 팔선녀와 오색등 500개가 참여하는 가두 행렬이 선행하고 그다음에 줄다리기 대회와 탈놀음이 이어지는 동래 놀이의 형태는 오랜 전통이 아니라 1928년에 창설된 것이다. 필자는 앞으로 1928년 형태를 '원형 동래야류'라고 부를 것이다.

---

* 이훈상, 앞의 글, 395-396쪽, 400쪽.

원형 동래야류는 총 3과장이다

원형 동래야류는 어떻게 구성되어 있을까? 그것을 추측할 수 있는 자료는 단 하나밖에 없다. 송석하는 1935년 동래에 2주간 체류하면서 동래야류를 연구하여 「민속극 동래야류」라는 칼럼을 1935년 4월 13일 〈동아일보〉에 기고했다. 1935년의 형태는 1928년의 원형과 같을 것이라고 필자는 추측한다. 송석하는 야류의 구성과 특징에 대해 다음과 같이 서술한다.

> 오광대극에 있어 주역 말둑이(말뚝이)의 재담의 장이 가장 중요하지마는 그 외에도 첫 과장인 의식묵극(儀式默劇), 끝 과장인 멜로드라마도 불가결한 것인데 동래의 그것은 그다지 중요하지 않고 오로지 말둑이 재담만이 야류(野遊)의 전모를 드러낸다.*

송석하는 경남지방을 중심으로 전승하여 온 민속가면극을 오광대라고 지칭하며, 동래야류를 오광대의 아류라고 보았다. 위 인용문을 보면 1935년 동래야류는 3과장으로 구성되어 있다. 제1과장은 의식묵극(儀式默劇), 제2과장은 말뚝이 재담의 장, 제3과장은 멜로드라마이다. 마지막 제3과장은 할미가 영감에게 맞아

* 송석하, 『한국민속고』, 182쪽.

죽는 멜로드라마인데, 현재는 제4 영감-할미 과장이다. 제2 말뚝이 재담의 장은 현재 제2 양반-말뚝이 과장이다.

제1과장 의식묵극은 벽사진경 사상을 무언으로 연희한다

제1과장을 송석하는 '의식묵극'이라고 언급한다. 이것은 무언(無言)으로 어떤 의식을 상징하는 동작으로 1과장이 구성되어 있다는 점을 지적한다. 송석하는 조선의 가면극을 경기의 산대극, 관서의 봉산탈춤, 경남 해안 지방의 오광대(동래 부산의 野遊), 이렇게 크게 세 가지로 나누는데 "3종이 다 같이 구나의(驅儺儀)에서 출발"하였다고 보았다.* 구나의는 역귀(疫鬼)를 쫓던 의식이다. 이것은 1933년에 재현되어 송석하가 대본을 채록한 진주 오광대 제1과장에 잘 나타나 있다.

> 제1과장. 염불타령 장단에 동방청제장군(청색가면), 서방백제장군(백색가면), 남방적제장군(적색가면), 북방흑색장군(흑색가면), 중앙황제장군(황색가면)이 (…) 등장하면 음악은 굿거리를 넘어가며 오신장은 무언(無言)으로 무용한다.**

오신장은 다섯 방위(方位)를 관장하여 지키는 수호신으로 오방신장(五方神將)이라고도 한다. 송석하가 의식묵극이라고 지칭

---

* 송석하, 『한국민속고』, 376쪽.

** 송석하, 『한국민속고』, 378쪽.

하는 동래야류의 제1과장은 진주오광대의 제1과장에서 무언으로 오장신이 무용하는 것과 성격이 같을 것이다. 송석하는 「오광대 소고」에서도 진주와 마산 5광대의 제1과장에 신장(神將) 오인(五人)이 출장하여 동리의 안과태평(安過泰平)과 연출흥행(演出興行)의 무사진행(無事進行)을 의미하는 무용이 있다고 서술한다.* 이 점을 고려하면 1935년의 동래야류 제1과장이 벽사진경을 염원하는 성격으로 구성되었다는 점을 확신할 수 있다.

제2과장 양반-말뚝이 마당은 에로스와 파토스를 표출한다

원형 동래야류의 제2과장은 양반-말뚝이 마당이다. 이것은 현재 동래야류의 제2과장과 동일하다. 송석하는 제2과장의 대사를 채록하여 1934년 『조선민속』 제2호에 수록했다.** 이 대사가 현재의 야류 공연에서 그대로 쓰이고 있다.

양반-말뚝이 마당에서 주인공은 말뚝이이다. 대사는 거의 말뚝이가 하고 양반들은 그냥 응답만 하는 식이다. 말뚝이는 여타의 탈춤과 달리 출신이 양반이다. 말뚝이는 5대조는 참판, 4대조는 홍문관 대제학, 할아버지는 고위 무관을 지냈으나, 자신은 주색으로 몰락했다고 한탄조로 얘기한다. 상대역 원양반은 중국으로 사신으로 갈 만큼 고위 관리를 역임했다. 말뚝이는 그에 대해 강렬한 적개심을 품고 있다. 말뚝이는 양반들은 짐승이라고

---

* 송석하, 『한국민속고』, 219쪽.

** 송석하, 『한국민속고』, 560-587쪽.

경멸하며, 양반의 부인과 성희를 나눔으로써 양반을 모욕하고 공격한다.

프로이트는 인간의 근본 욕망을 에로스와 타나토스라고 본다. 에로스는 성이나 사랑, 그리고 생명이며, 타나토스는 공격, 파괴, 그리고 죽음이다. 이 둘은 서로 떨어져 있지 않고 통합되어 있다. 에로스가 타나토스를 포함한다는 점은 성희 활동에 대상을 공격하여 파괴하는 과정이 포함되어 있다는 것을 보면 알 수 있다. 반대로 공격성이 성을 포함할 수 있다. 말뚝이는 양반에 대한 적개심을 양반의 부인에 대한 성희로 표출한다. 그는 성적 욕망이나 사랑 때문에 부인과 성희를 나누는 것이 아니라 양반의 부인과 동침함으로써 양반을 모욕하고 파괴하고 싶어 한다. 말뚝이가 양반의 부인과 잠을 잤다는 말을 듣고 양반들은 "망했네 망했네, 양반의 집도 망했네"라며 한탄하는데, 말뚝이가 소망하는 것이 바로 이것이다.

제3과장 영감-할미 마당은 처첩의 갈등을 드러낸다

마지막 과장은 송석하의 글에서 멜로드라마로 언급되는 영감-할미 과장이다. 현재는 이것이 제4과장이지만 1935년 공연에는 3과장이었으며, 1928년에도 동일하였을 것이다. 이 과장은 조선의 가정 문제를 다루고 있다. 집 떠난 영감을 할미가 찾아가니 남편은 각시를 첩으로 두고 있다. 그래도 영감과 할미는 만나자마자 반가워서 성희를 벌인다. 이 장면은 영감과 할미 사이에 여전히 정이 듬뿍 남아 있다는 점을 보여준다. 할미는 각시를 질투하여 쫓아낸다. 그런데 할미가 아들 셋을 제대로 키우지 못하여 아이들이 다 죽었다는 이야기를 듣고 영감이 할미를 때리다가 할미가 죽어버린다. 조선 사회는 실질적으로는 일부다처 사회이다. 이런 사회에서는 아무리 여성의 미덕을 강조해도 처첩의 갈등이 있기 마련이다. 이 과장은 처첩 제도의 진실을 드러내어 관람자들이 깨닫도록 한다.

필자는 1928년의 원형 동래야류를 1935년 공연으로부터 추리하였다. 두 시기 사이에 변화가 없으리라 가정한 것이다. 원형에는 현재의 제1 문둥이 과장과 제3 영노 과장이 없으며, 현재는 없지만 벽사진경의 의식묵극이 제1과장이었다.

동래야류 연행은 1935년 또는 1937년 중단되었다가 1946년과 1965년 두 차례 복원되었다. 이때 공연된 것은 양반-말뚝이 과장과 영감-할미 과장 2개뿐이었다.* 이 점은 현재의 문둥이 과장과 영노 과장이 1960년대 후반 이후에 추가되었을 것이라는 필자의 추측을 뒷받침한다.

20세기 초반 대중은 서구 문물에 현혹되어 전통을 버렸다. 당시 뜻있는 사람들은 서구에 전통이 흡수되는 것을 거부하고 전통을 부흥하여 대중이 즐기기를 바랐다. 그런 유지의 노력 덕분에 동래야류는 1928년 새로운 형태로 부활했다.

---

* 심상교, 「동래야류 전승과정 연구 1-문장원, 천재동 증언을 중심으로」, 『어문논집』 제47집, 민족어문학회, 2003, 334-335쪽.

현재 동래야류는 원형으로부터 많이 벗어나 있다. 1960년대 이후 삽입된 제1과장과 제3과장을 빼내고 1935년 공연의 제1과장을 복원해야 한다. 이렇게 원형으로 돌아가야 동래야류는 문화재로 보존할 가치가 있는 것이다.

수영야류

"척지구폐요(跖之狗吠堯)는 요비불인(堯非不仁)이로되 구고폐비기주(狗固吠非基主)라." 수영야류의 제1 양반 과장은 수양반의 이 대사로 시작한다. 이 구절은 도척의 개가 성군이신 요 임금에게도 짖는데, 이것은 요 임금이 나쁜 사람이 아니라 원래 개는 주

수영야류

인이 아닌 사람에게 다 짓는다는 뜻이다. 양반의 대사엔 어려운 말이 너무 많다. 양반 대사만 그런 것이 아니다. 말뚝이도 한시와 고사를 많이 인용하여 사전을 계속 찾아보지 않고서는 대본을 읽을 수 없다.

양반 과장에는 별다른 스토리가 없다. 양반들이 풍류를 즐기면서 살고 싶다고 인생철학을 펼치는 것, 그리고 말뚝이가 양반의 부인과 동침했다는 것을 우쭐대며 자랑하는 것이 전부이다. 그런데 사설은 매우 현학적으로 표현되어 있다. 등장인물이 주고받는 이렇게 어려운 대사를 어떤 부류의 관객들이 이해할 수 있을까? 수영야류의 성격을 규정할 때 양반과 말뚝이의 사설이 아주 난해하다는 점을 고려해야 한다. 단순히 표면 구조만 보고 양반 계층에 대한 서민의 저항으로 단정해서는 안 되는 것이다.

밤마리는 부산 경남 탈놀이의 발원지이다

수영야류의 최초 연구 기록은 1933년 학술지『조선민속』제1호에 실린 송석하의 글이다. 송석하는 부산, 경남 지방의 민속가면극은 모두 초계 밤마리의 대광대 공연으로부터 유래하였다고 보았다.* 밤마리 즉 율지리는 본래 경상남도 초계군 덕곡면의 지역으로서 밤나무가 많아 밤마을 또는 율지동이라 하였는데, 1914년 행정구역 통폐합에 따라 율지리라 해서 합천군 덕곡면에

* 송석하,『石南 宋錫夏-한국 민속의 재음미 上』, 국립민속박물관, 2004, 455-456쪽.

편입되었다.

조선시대 밤마리는 낙동강변의 포구 마을로, 수로 교통의 주축을 이루었으며, 율지 시장에 모인 상인, 장꾼들로 성시를 이루었다고 한다. 장터에 장이 열리면 상인들이 광대 패에게 돈을 주고 장터에서 공연하게 했다. 그중 '대광대'가 있었다. 대광대 즉, 죽광대(竹廣大)는 죽방울 받기, 솟대 타기 등의 곡예와 탈놀이를 하였다.* 이들의 탈놀음에서 부산 경남의 가면극이 비롯되었다고 송석하는 주장하는 것이다. 이두현은 1960년 밤마리의 현지조사를 통해 송석하의 견해를 확인하였다. 밤마리의 고로(古老)들로부터, 오광대놀이가 1920년대까지 연행되었다는 사실을 채록했고, 통영오광대 및 고성오광대 연희자들의 증언을 통해서도 밤마리가 부산 경남 가면극의 시원지임을 밝혔다.**

밤마리 대광대의 탈놀이는 오광대이다

대광대의 가면극은 오광대로 구성된 가면극이었을 것이다. 부산, 경남지역에서 동래와 수영야류를 제외한 모든 탈놀음의 명칭은 오광대이다. 송석하는 가면이 다섯 개이기 때문에 오광대라고 추리한다.***

---

* 송석하, 위의 책, 457쪽.

** 이훈상 외 3인, 『합천 밤마리 오광대에서 활인대로, 활인대에서 합천 밤마리 오광대로』, 합천군·동아대학교 석당학술원 한국학연구소, 2015, 37-38쪽.

*** 송석하, 『石南 宋錫夏-한국 민속의 재음미 上』, 457-458쪽.

왜 가면이 다섯 개이면 오광대일까? 광대는 한자로 '廣大'라고 쓰지만, 광대는 우리말이다. 광대라는 말이 처음 등장하는 곳은 『고려사(高麗史)』 124권이다.* "우리말로 가면을 쓰고 노는 자를 廣大(광대)라고 한다." 가면 연희자를 광대라고 불렀는데, 고려시대에는 그것을 기록할 글자가 없어서 한자를 빌려 廣大라고 적은 것이다. 그러니까 넓을 광(廣)과 큰 대(大)는 광대의 의미와 아무 관계도 없다.

가면 연희자를 광대라고 부른 이유는 광대가 가면이라는 뜻이기 때문이다. 송석하는 가면을 광대라고 부르는 예가 허다하다고 지적한다. 개성 덕물산의 무격(巫覡) 신당에 있는 가면을 모두 '○○ 광대'라고 부르고, 안동 하회에 있는 동리 수호의 가면을 모두 '○○ 광대'라고 한다는 것이다. 그래서 초란이 탈을 '초란이 광대', 말뚝이 탈을 '말뚝이 광대'라고 부른다.

가면을 광대라고 부른 데도 이유가 있다. 우리말에서 얼굴의 일부를 광대뼈라고 부르듯이, 광대는 얼굴을 의미한다. 온라인 국어사전 우리말샘에는 이렇게 나온다. "현대 국어 '광대뼈'의 옛말인 '광ᄃᆡ쎠'는 17세기 문헌에서부터 나타난다. '광ᄃᆡ쎠'는 '얼굴'을 의미하는 '광ᄃᆡ'와 '쎠'가 결합한 것이다."

광대의 원래 의미는 얼굴이다. 그래서 얼굴에 쓰는 가면을 광대라고 하는 것이다. 광대의 의미는 확대되어 가면을 쓰고 연희하는 자를 광대라고 부른다. 광대의 의미는 더 확장한다. 가면

* 송석하, 『石南 宋錫夏-한국 민속의 재음미 上』, 348쪽.

연희자가 탈을 벗고 줄타기를 하거나 노래를 부르기도 한다. 그래서 가면을 쓰지는 않았지만 가면 연희자처럼 놀이판에서 노는 연희자를 모두 광대라고 부르는 것이다.

밤마리 오광대에서 수영야류로

송석하는 초계에 살던 수영 사람이 수영으로 돌아간 다음 수영 탈놀음을 만들었다는 말을 들었다고 했다. 그러나 수영 사람들이 밤마리에 와서 탈놀이를 구경한 후, 돌아가서 수영 탈놀이를 만들었을 가능성이 더 클 것이다. 밤마리 나루터(율지 나루터)는 예전에 낙동강 수운의 중심지여서 부산과 밤마리 사이에 물자를 실은 배들이 자주 왕래하였다. 그러면서 자연스럽게 부산 사람들은 밤마리의 오광대를 볼 기회가 많았을 것이다.

그리고 초계 대광대의 일단이 인근 다른 지역으로 순회 공연하면서 그 지방의 탈놀음에 영향을 주었을 수도 있다. 광대는 어느 지역에나 거주하고 있었다. 밤마리는 큰 시장이니 거기에는 떠돌이 광대패가 다른 지역에서 초빙되어 왔을 수 있다. 그러나 광대는 본래 일정 지역에 있으면서 관청의 행사에 동원되며, 주로 양반 사회의 수요에 응했다.* 손태도 박사의 연구에 따르면, 광대는 단순히 기능상의 연희 집단일 뿐 아니라, 떠돌이 연희 집단과 달리 한 지역에 거주하며 관청의 공연에 동원되는 하나의

---

* 손태도, 『광대의 가창 문화』, 집문당, 2003.

신분 계층이었다.

밤마리의 오광대 패도 그 지역에서 살던 주민이었다.* 밤마리 오광대가 영향을 주었던 창원, 통영, 고성, 동래, 수영, 김해, 진주에도 광대들이 있었고 그들은 지방 관아의 행사에 동원되었다. 광대의 원래 의미가 가면 연희자이므로 장기 중에 탈놀이가 빠지지 않았을 것이다. 밤마리 오광대 패가 지방으로 순회공연을 하면 지방 광대의 탈놀음이 영향을 받게 된다.

동아대학교 이훈상 교수 연구진은 밤마리 오광대의 순회공연 가능성을 지원하는 보고서를 2015년 발표하였다. 합천군 덕곡면 율지리의 낙동강 강변에는 활인대가 있었다. 활인대는 낙동강과 연접한 지역에 홍수를 막기 위해 쌓은 구조물로 1757년에 처음 축조되었는데, 1859년 개축하게 되었다. 이때 밤마리의 대광대 패들이 인근 지역으로 다니면서 공연하여 개축에 들어가는 경비를 모았을 것이라고 이훈상 교수팀은 추리한다. 그 근거로 두 가지를 제시한다. 하나는 활인대 불망비에 '걸립(乞立)'이라는 단어가 들어 있다는 것이다. 조선 후기에 걸립은 좋은 목적을 달성하기 위하여 재물을 모으는 대가로 각종 유흥을 제공하는 유희 행위라는 의미로 쓰였다.** 또 하나의 근거는 가산 오광대가 순회공연을 했다는 사실이다. 밤마리와 지리적 여건이 비슷한 가산 마을의 경우 1924년에 야학교를 세우고 나서, 그 운영 경비를 마련하기 위하여 주민들이 하동, 남해, 곤양, 사천 등지로 가

---

* 이훈상 외 3인, 앞의 글, 150쪽.

** 이훈상 외 3인, 앞의 글, 16-18쪽.

서 가산오광대를 공연하였다.

오광대는 고유명사가 아니라 다섯 개의 탈이 등장한다는 뜻이다

수영야류의 밤마리 오광대 유래설에 대해 정상박 교수는 반대한다. 이유는 크게 두 가지이다. 첫째는 명칭이다. 진주, 마산, 통영, 고성의 탈놀이는 밤마리 오광대처럼 오광대라는 명칭을 쓰는데, 수영의 탈놀이는 야류라고 부르므로 수영야류가 밤마리 오광대에서 유래하지 않았을 것이라고 정 교수는 생각한다.* 그러나 이런 생각은 정 교수가 오광대라는 말을 정확하게 이해하지 못한 데 바탕을 두고 있다.

오광대는 고유명사가 아니라 다섯 개의 가면, 즉 다섯 명의 가면 연희자가 등장하는 놀이라는 의미이다. 수영야류의 제1 양반 과장에는 5명의 광대 즉 수양반, 차양반, 셋째 양반, 넷째 양반, 종가 도령 등 오광대가 출현한다. 대본에는 이들을 오광대라고 부르고 있다. 수영야류에도 처음에 오광대가 나오므로 수영야류를 오광대라고 불러도 이상하지 않다.

수영의 야류를 왜 야류라고 부르는지 이유는 아무도 정확하게 모른다. 송석하는 수영의 탈놀이가 "수영에서는 너른 마당에서 각각 흥행(興行)하여 온 까닭"에 들 야(野) 자 야류라고 추

* 정상박, 『수영야류』, 화산문화, 2001, 20쪽.

측할 뿐이지 누구로부터 그런 말을 들었다는 기록이 없다.* 수영아류 역시 동래야류처럼 밤에 놀아서 야류라고 불렀을 가능성도 크다.

원래 수영야류의 동작은 어렵지 않다

둘째, 정 교수는 수영 지역 사람들이 밤마리 오광대의 공연을 보고 따라 할 수 없었을 것이라 추측한다.** 정 교수는 밤마리 오광대 패는 밤마리 시장 상인들이 초청한 전문 연희 집단이라고 보았다. 수영에서 탈놀이 하는 사람들은 그냥 일반 주민인데 이들이 전문 연희단의 공연을 몇 번 본다고 비슷하게 할 수 없다는 것이다. 그런데 이것도 오류이다. 앞에서 필자가 지적하였듯이, 이훈상 교수팀은 밤마리 오광대를 연희한 사람들이 그 동네 주민이라는 점을 조사하여 보고했다.

그리고 설사 밤마리 오광대가 전문적 연희 집단이라 하더라도 수영 주민이 따라 하지 못할 것도 없다. 수영 탈놀이를 공연하는 사람들은 아마추어이지만 상당한 재능을 가진 사람들이었다. 1960년대 수영야류를 복원한 태명준이 춤사위나 노래 등을 원형에 맞게 구성하고 꽹과리며 장구, 북, 징 등 모든 악기를 다루었고, 작시, 작사까지 했다고 아들 태덕수는 회고한다.*** 게다가

* 송석하, 『石南 宋錫夏-한국 민속의 재음미 上』, 457쪽.

** 정상박, 앞의 책, 21쪽.

*** 태덕수, 『한바탕 자알 놀았네-수영야류 태덕수』, 국립문화재연구소, 2013, 77쪽.

1971년 수영야류 공연 영상을 보면 춤이 그렇게 어렵지 않다. 수영야류의 기본 동작은 덧배기춤인데, 이것은 장단에 맞추어 터벅터벅 걸으며 즉흥적으로 팔 동작을 펼치는 것이다. 원래 수영야류 춤은 흥에 겨워 마구 움직이는 것이라서, 그것은 전문 광대가 아니면 못 출 춤이 아니다.

수영야류는 농경의례와 상관없다

수영야류가 밤마리 오광대로부터 발원했다는 점을 부정하면서 정상박 교수는 수영야류가 농경의례라는 주장을 폈다.* 그 근거는 수영야류가 정월에 열린다는 점과 탈놀음 전에 지신밟기와 동제, 샘 고사를 지낸다는 점을 들었다. 그런데 이것은 수영탈놀이와 내용상 무관한 것이다. 수영야류의 과장 4개 중에 농경의례와 관련된 것은 하나도 없으며, 농민은 한 사람도 등장하지 않는다.

수영야류의 최한복 대본은 수영야류를 전편과 후편으로 나누고 있다. 전편은 대중희(연등회 혹은 농악대회), 후편은 민요 풍자극이다.** 최한복에 따르면, 전편은 탈놀이 이전에 풍물을 울리며 지신밟기를 하고 등을 들고 길놀이를 하는 것인데 이것은 대중을 즐겁게 하는 놀이이며, 후편은 탈놀이에서 노래를 부르고, 양반층의 행태를 풍자하는 것이다.

---

* 정상박, 앞의 책, 31쪽.

** 정상박, 앞의 책, 178-179쪽.

이 견해에 두 가지 문제가 있다고 필자는 본다. 첫째, 수영야류는 전편과 후편으로 구성되어 하나의 전체를 이루는 것이 아니다. 전편과 후편은 시간상으로 나란히 진행한다고 하더라도 그 둘은 아무 관계도 없는 것이다. 필자가 어린 시절, 동네 극장은 영화 두 편을 상영하면서 관객을 유혹하였다. 영화 두 편이 차례대로 상영된다고 해서 둘이 하나의 전체를 이루는 것은 아니다.

수영야류의 심층 의미는 풍자가 아니다

수영의 탈놀이가 풍자라고 보는 것은 표면상의 이해일 뿐이다. 제1 양반 과장에서 말뚝이는 양반을 조롱하고, 제2 영노 과장에서 양반을 괴물 영노가 잡아먹는다. 이것을 보고 최한복은 평민 대중이 양반을 야유하고 풍자한다고 해석했다. 그러나 이것은 사태의 심층을 보지 못하고 내린 결론이다. 양반 과장에서 양반의 부인과 말뚝이가 통정함으로써 양반은 망하고, 영노 과장에서 양반이 영노에게 죽으니, 패망하는 쪽은 양반이다. 그런데 승리자는 누구인가? 말뚝이는 신분으로는 평민 대중이지만 양반 이상의 지식을 자랑하는 사람이다. 말뚝이는 정신적으로는 양반이다. 그리고 영노는 평민이 아니라 모든 사람의 마음에 들어있는 파괴성이라는 괴물의 상징이다.

힘을 향한 의지의 표출

수영야류의 네 개 장 모두 죽이고 죽는 것으로 끝난다. 제1 양반 과장에서는 양반이 정신적으로 죽는다. 제2 영노 과장에서는 양반이 영노에게 살해당한다. 제3 영감-할미 과장에서는 할미가 맞아 죽는다. 제4 사자무 과장에서는 담비가 잡아먹힌다.

니체는 모든 존재자의 근본 성격을 "힘을 향한 의지"라고 한다.* 지하실 감자 깡통에서 감자는 햇빛이 잘 들어오지 않고 수분도 충분하지 않은 상태에서도 포기하지 않고 싹을 펼쳐간다. 이렇게 모든 존재는 자신의 소망과 가치, 잠재력을 전개하려는 의지를 갖추고 있다. 이것을 니체는 힘을 향한 의지라고 부른다.

양반 과장에서 양반과 말뚝이는 모두 힘의 성장을 추구한다. 수양반과 차양반은 온갖 고사와 한시를 인용하며 그들이 얼마나 유식한 존재인지를 과시한다. 말뚝이는 양반 부인과 통정하는 과정을 매우 현학적인 말투로 장장 2페이지에 걸쳐 서술한다. 그 중 실제로 정사를 묘사하는 것은 "취흥이 도도하여 대부인 마누라도 청춘이요 소인 막득이도 청춘이라 양 청춘 마주쳐서 동방화촉(洞房華燭)이 밝더이다"의 한 구절뿐이다. 나머지는 말뚝이가 자신이 얼마나 유식한 존재인가를 뻐기는 것이다. 말뚝이는 양반만큼 유식하고 양반의 부인과도 통정하였으니 자신이 양반보다 더욱 힘 있는 존재라는 점을 자랑하는 것이다.

---

* Martin Heidegger, *Nietzsche, der Wille zur Macht als Kunst*, Gesamtausgabe. II. Abteilung, Vorlesungen, Frankfurt am Main: V. Klostermann, 1985, 22쪽.

관객은 양반 과장에서 누구와 동일시하고 싶을까? 당연히 말뚝이이다. 관객이 서민이고 평민이기 때문에 말뚝이와 공감하는 것일까? 아니다. 말뚝이가 힘이 있다는 것이 공감의 이유이다. 양반 과장의 전개는 힘의 상승을 지향하는 인간의 보편적 소망에 호소하고 있다.

영노 과장의 영노는 평민 대중이 아니다. 영노는 나약하고 힘없는 것들을 파괴하고 상승하고 싶은 인간의 보편적 의지를 상징한다. 영노는 양반을 잡아먹고 하늘로 상승하려고 한다. 승천은 발전하고 성장하는 과정을 은유하는 것이다.

영감-할미 과장과 사자무에는 나약하고 쇠약한 존재를 혐오하는 인간의 정서가 표출되어 있다. 할미는 영감에게 맞아 죽지만, 관객은 할머니와 공감하고 싶지 않다. 사자무 과장에서 담비는 사자에게 까불다가 죽임을 당한다. 관객은 아무도 죽은 할미와 담비를 동정하지 않고, 강자인 제대각시, 그리고 사자와 자신을 동일시하고자 한다. 인간은 본능적으로 힘의 성장을 의욕하기 때문이다.

지전무(紙錢舞)

한지를 길게 오려 여러 가닥을 묶어서 손에 들고 추는 춤을 본 적이 있는가? 그 종이 다발을 지전(紙錢)이라고 부른다. 살풀이춤이 수건을 들고 추듯이, 지전무는 지전을 들고 춘다. 지전무는 지전을 들고 추는 종교적 무용이다. 전통무용 중에서 지전무 외에 종교무는 거의 없다. 지전무는 두 개의 유파가 유명하다. 하나는 이동안류의 신칼대신무이며, 또 하나는 김진홍류의 지전춤이다. 두 유파의 지전무는 모두 진도씻김굿에서 유래한다.

화성 재인청(才人廳)의 마지막 대방

이동안은 경기도 화성 재인청 출신의 광대이다. 재인은 무부(巫夫)나 광대를 말한다. 무부는 무녀(巫女)의 남편인데, 무녀를 보조하여 굿판에서 무악 연주를 한다. 광대는 줄타기 같은 곡예를 하거나 춤을 추고 소리를 연행하는 재인이다. 조선은 관청에서 크고 작은 행사를 할 때 재인들을 안정적으로 동원하기 위해

재인들을 등록하고 교육하고 관리하는 조직을 설치하였다. 이것이 재인청이다. 각 도마다 도청이 있었는데 그 장(長)을 대방(大房)이라 불렀다. 이동안은 1920년경에 폐쇄된 화성 재인청의 마지막 대방이다.

지전무는 호남지방의 무당들이 지전(종이돈)을 가지고 추는 춤이며, 호남의 씻김굿에서만 볼 수 있다고 한국민족문화대백과사전은 말한다. 그러면 경기도 재인청의 이동안이 어떻게 지전춤을 배울 수 있었을까? 조선시대에는 궁중에서 큰 행사가 벌어져 서울의 기생만으로 공연할 수가 없으면 지방의 교방청으로부터 기생을 불렀다. 지방에서 궁중의 행사에 선발되어 올라간 기생을 선상기(選上妓)라고 한다. 팔도의 기생이 서울에 모여 공연을 하다 보면 서울과 지방, 그리고 지방의 춤 사이에 교류가 있게 마련이다. 이와 비슷하게 재인청의 예인들은 지방관청의 행사에도 동원될 뿐 아니라 중앙정부의 행사가 있을 때 궁에 들어가 연희를 펼쳤다. 이럴 경우 각 지방의 재인들 사이에 예능 교류가 있었을 것이다. 그래서 경기도의 굿에는 지전무가 연행되지 않았다 하더라도, 이동안은 호남의 재인들로부터 지전무를 배울 수 있었던 것이다.

엇중모리 신칼대신무는 경기 도당굿에서 나오지 않았다

이동안류의 지전무는 엇중모리 신칼대신무라고 부른다. 이 춤의 주요 장단이 엇중모리이므로 그렇게 불리는 것이다. 신칼은 긴 대의 양단에 한지를 풍성하게 늘어뜨린 것이다. 이 춤은 지전이 양쪽에 달려 건들거리는 신칼을 흔들면서 춘다. 이동안은 춤의 유래를 다음과 같이 설명한다. 옛날에 왕이 죽자 딸인 공주가 하얀 지전을 단 신칼을 들고 잡귀가 침범 못 하도록 춤을 추어 아버지가 소원대로 길을 가도록 인도했다.* 그런데 이 이야기는 문헌에서는 발견할 수 없다. 아마 이것은 이동안의 창작 아이디어가 아닌가 한다. 어떤 이는 경기도 도당굿의 설명에서 "청쾌자를 걸치고 나무칼을 들고 뛰어나가더니 당가리까지 갔다 돌아오고, 활을 사방으로 쏘는 시늉을 하고 춤을 추더니…"라는 구절을 보고, 경기 도당굿으로부터 신칼대신무가 나왔다고 주장한다.** 그러나 이것은 억지이다. 이동안이 경기도 화성 재인청 출신이기 때문에 그의 신칼대신무가 경기 도당굿에서 유래한 것이라고 단정해서는 안 된다. 그렇게 단정하려면 이동안의 춤과 경기 도당굿을 비교하면서 사태 자체에서 근거를 찾아야 한다.

김진홍의 지전춤은 동해안별신굿에서 나오지 않았다

김진홍의 지전춤은 동해안별신굿에서 유래한 것으로 알려졌다. 그 이유는 주로 김진홍이 동해안별신굿 예능 보유자인 김석

---

* 이건미, 「근대 이후 화성재인청 이동안류 춤의 전승과 변형과정에 관한 연구」, 『대한무용학회논문집』 제74권 제6호, 대한무용학회, 2016, 22-123쪽.

** 최지원, 「전통 재창작화 과정의 예술적 가치에 관한 연구-화성재인청 이동안류 엇중모리 신칼대신무를 중심으로」, 『대한무용학회논문집』, 제78권 제4호, 대한무용학회, 2020, 245쪽.

김진홍류 지전춤-황지인

춤의 사촌 여동생 김계향에게 1976년부터 지전춤을 배웠다고 하는 구술에 바탕을 두고 있다.* 1979년 김진홍은 지전무의 군무가 포함된 극무용을 만들어 1회 대한민국무용제에 참가하였고, 그 후에 독무 지전춤을 창작하였다. 그러나 동해안별신굿은 풍어제이지 망자의 원한을 풀어주는 진혼(鎭魂)의 의미는 없고, 지전도 사용되지 않는다. 무당은 먼지털이처럼 술의 길이가 짧은 무구를 사용하는데, 이것은 지전의 역할을 할 수 없다.

지전은 종이로 만든 돈으로, 의례적 또는 종교적 의미를 지니는 상징적 화폐이다. 지전무에서 지전은 여러 가지 의미가 있다. 그것은 단순히 망자가 저승 가는 길에서 사용하는 노자가 아니다. 지전은 망자의 혼령이나 그것이 들어가 있는 신체(神體)이기도 하고, 신을 부르거나 신을 보낼 때 예물이 되기도 하며, 잡귀를 쫓아버리는 신칼의 구실을 하기도 한다. 지전이 신체(神體)나 예물을 상징하려면 규모가 좀 커서 장중한 느낌이 나야 한다. 동해안별신굿에서 사용되는 먼지털이 모양의 무구는 지전이라기보다 동작의 시각적 효과를 더하는 소품처럼 보인다.

무용 연구자들은 구술 자료를 수용하는 데 신중해야 한다. 원로 무용가들은 기억을 잘 못 할 수도 있고, 해석에서 오류를 범할 수도 있다. 말은 사실을 통하여 입증해야 한다. 김진홍의 지전춤은 동작과 의미를 고려하면 동해안별신굿이 아니라 진도씻김굿에서 유래했다는 것이 확실하다.

---

* 박미경, 「김진홍류 지전춤 연구」, 한국예술종합학교 석사논문, 2017, 29쪽.

진도씻김굿(출처 국립부산국악원)

진도씻김굿의 지전무

〈진도씻김굿 1987년〉 영상에는 진도씻김굿의 실제 연행이 담겨 있다.[13] 전남 고군면 고성리에서 다방과 여관을 경영하는 조영진은 2층 건물을 새로 증축한 후에도 사업에 진전이 없자 사업의 번창을 기원하는 뜻으로 날받이씻김굿을 준비한다. 점쟁이에게 가서 문복(問卜)한 결과, 조상 중에 어떤 분이 해원을 하지 못해 가족에게 화를 미치게 한다는 말에 따라 그분의 넋을 위로하고 이승에서 풀지 못한 한을 풀어주기 위해 굿을 하는 것이다. 굿을 할 때 점쟁이가 날을 받아주기 때문에, 그것을 날받이씻김굿이라고 부른다.

안땅굿

진도지방의 씻김굿은 일반적으로 안땅굿으로 시작한다. 안땅은 안당 즉 대청마루이다. 안땅굿은 여러 조상에게 오늘 누구를 위한 굿을 한다고 고하는 대목이다. 굿을 할 때 징, 꽹과리, 장구를 두들기고 피리를 불며 아쟁을 켜기 때문에 시끄럽다. 소란한 소리에 조상들은 놀라지 말고 다 와서 즐겨달라고 고하는 대목이 안땅굿이다.

청혼(請魂)굿

안땅굿을 마친 후, 마당에 차일을 치고 병풍을 두르고 나서 제상을 차려 놓는다. 망자 옷이 병풍에 걸려 있다. 잔 올리기와 절하기가 끝나면 청혼굿을 시작한다. 이것은 영혼을 불러 영혼이 흠향(歆饗)하게 하여, 불러들인 영혼들을 즐겁게 만드는 대목의 굿이다. 무당은 오른손에 지전을 들고 있다. 음악이 빨라지면서 무당은 지전을 양손으로 갈라 쥐고 어깨에 걸치고 어깨춤을 춘다. 이 동작은 김진홍 지전춤의 '갈매기 사위'와 비슷하다.* 갈매기 사위는 팔을 어깨높이로 들어 팔을 너울거리는 모습이 갈매기가 비행할 때 모습과 닮았다고 하여 갈매기 사위라고 부른다.

손님굿

이 대목은 두 가지 의미가 있다. 하나는 마마신을 불러서 대접하는 것이다. 마마 즉 천연두는 과거에 가장 무서운 질병이었다. 다른 하나는 망자가 이승에서 친했던 친구들의 영혼을 불러들여 즐겁게 해주는 것이다. 무당이 지전을 한 손에 들고 고사소리를 한다. 그렇게 하고 나서 지전 두 개를 양손으로 나누어 쥐고, 하나는 아래로 하나는 위로 빠르게 뿌린다. 이 동작은 김진홍의 춤에서 '좌우치기'나 '모둠치기'와 비슷하다.

제석굿

제석(帝釋)은 집안사람들의 수명, 자손, 운명, 농업 등을 관장

---

* 박미경, 앞의 글, 35쪽.

한다는 가신(家神)이다. 여기에는 살풀이의 앉음 사위와 유사한 동작이 나온다. 앉음 사위를 마친 후 무당은 지전을 팔에 걸치고 일어서서 회전하며 지전을 뿌린 후 다시 거둬들여 어깨에 걸친다. 이것은 김진홍의 춤에서 '지전매는 사위'와 비슷하다. 그리고 무당은 양손으로 지전을 갈라 쥐고 원으로 돌린다. 이것은 김진홍의 춤에서 '아래 위 지전 돌리는 사위'와 닮았다.*

다음, 조상굿에서도 지전무가 나온다. 무당은 한 손으로 지전을 아래로 내리고, 다른 한 손으로는 팔에 건 다음, 내린 한 손을 위로 올려 친다. 양손에 지전을 들고 추는 춤에서 이런 동작들은 자연스러운 것이다. 그래서 김진홍이 아닌 다른 누군가가 진도씻김굿에서 영감을 얻어 작품을 창작한다면 그런 것들과 유사한 동작들을 사용하게 될 것이다.

고풀이

고는 매듭인데, 이승에서 풀지 못하고 저승으로 품고 간 한을 의미한다. 고풀이는 고를 차일의 기둥에 묶어 놓았다가 이를 하나하나 풀어가면서 영혼을 달래주는 굿이다. 맺혀 있는 고를 푼다고 해서 고풀이라고 한다. 고풀이에서는 지전무가 등장하지 않는다.

---

* 박미경, 앞의 글, 47쪽.

영돈말이

영돈은 망자를 의미한다. 굿을 시작할 때 병풍 위에 걸어놓았던 망자의 옷을 땅 바닥에 내려 돗자리 위에 펼쳐놓고, 이를 똘똘 말아 매듭을 지어 묶어 세운다. 그 위에 사람 모양으로 종이를 오린 넋을 주발 속에 넣은 후 그것을 놓고, 그 위에 다시 솥뚜껑을 덮는다. 영동말이에도 지전무는 나오지 않는다.

이슬털기

이것을 씻김이라고도 한다. 쑥물, 향물 등 무당은 맑은 물에 빗자루를 적셔 영돈의 머리로부터 아래로 씻긴다. 망자의 영혼은 마르고 깨끗해야 환생할 수 있는데 원한의 이슬에 젖어 있다. 무당은 빗자루로 원한의 이슬을 씻겨주어 영혼이 극락왕생할 수 있도록 한다. 그래서 씻김을 이슬털기라고 부른다. 여기서 무당은 지전을 사용한다. 무당은 양손에 지전을 들고, 아래로 옆으로 흔들며 고사소리를 한다. 이런 동작은 자연스러워서 김진홍의 지전춤에도 나온다.

넋 올리기

굿을 청하는 주인 머리에다가 무당이 망자의 넋을 올려놓고 망자의 한이 풀어졌는지를 본다. 머리 위에 얹어놓은 넋이 무당이 들고 있는 지전에 빨려 올라오면 해원되었다고 본다. 이 대목에서 지전은 지상에서 영혼을 들어 올려 저승으로 보내는 도구의 역할을 한다.

길닦음

무당은 망자가 이승에서 쌓은 모든 한을 풀어주었다. 이제 망자가 극락왕생할 수 있도록 무당은 망자가 극락으로 가는 길을 닦아준다. 무명베를 큰 방문에서부터 대문 쪽으로 펴놓고 반야용선이라고 부르는 배를 만들어 그 속에 넋을 넣고 문지르면서 망자와 하직을 고한다.

김진홍 지전춤에서 새로운 춤사위와 반주 음악

김진홍의 지전춤에는 진도씻김굿에 나오지 않은 새로운 사위가 몇 개 있다. 첫째 '용트림 사위'이다. 이것은 머리 위에서 지전을 빠르게 돌리는 동작이다. 용트림 사위는 동해안별신굿의 '비빔무관'과 비슷하다. 춤사위를 동해안별신굿에서는 무관이라고 부른다. 비빔무관은 양팔을 들고 장삼자락을 감았다가 뿌리기를 반복하는 사위이다.* 이 동작은 매우 유쾌한 분위기라서 무당이 펄쩍 펄쩍 뛰는 도무(跳舞)의 느낌이 난다. 둘째 "망자를 어깨 위로 둘러매고 어르는 사위"이다. 이것은 지전을 어깨 위로 던져 지전을 둘러매고 어르는 동작이다.** 지전은 망자를 상징한다. 마지막으로 '비 손사위'이다. 이것은 지전 두 개를 하나로 모아 머리 위 높이까지 올려 지전을 무용수의 머리 위에 씌운 것처럼

---

* 전성희, 앞의 글, 147쪽.

** 박미경, 앞의 글, 44쪽.

보인다.* 이 동작에서도 지전은 망자를 상징한다. 지전만 부각되고 무용수의 얼굴은 잘 보이지 않는다는 것은 망자가 살아 있을 때 주변 사람들이 범했던 과오를 사과한다는 의미가 있다. 비 손 사위는 진도씻김굿에서는 없으나 이동안의 신칼대신무에는 비슷한 동작이 등장한다.

동해안별신굿은 풍어제이지 진혼굿이 아니다. 진도씻김굿은 죽은 사람의 영혼을 달래고 원한을 풀어주는 진혼굿이며, 김진홍의 지전춤과 이동안의 신칼대신무도 진혼이 본질이다. 게다가 김진홍 지전춤의 반주 음악은 박병천의 용신풀이이다. 이것은 매우 슬프고 쓸쓸한 소리이다. 앞에서 살펴본 1987년 진도씻김굿은 박병천과 그의 아내 정숙자가 벌인 실제 굿이다. 두 사람은 당시 국가무형문화재 진도씻김굿의 예능보유자였다.

해원상생의 굿과 춤

"고풀이 가자… 어느 고에 맺히셨냐… 고를 풀지 못하시면 원혼 되어 이승을 떠도니 풀어지는 매듭과 함께 맺힌 한 설설이 풀고 극락 길 가시라…" 진도 씻김굿 고풀이에서 고를 풀며 무당은 이렇게 소리를 한다.

이제 좀 더 깊은 물음을 다루어 보자. 왜 망자는 원혼이 되어 이승을 떠도는가? 망자가 물에 빠져 죽었다면 억울해서 이승

---

* 박미경, 앞의 글, 45쪽.

을 떠나지 못한다. 망자가 결혼하지 못한 채로 죽었다면 아쉬워서 이승을 떠나지 못한다. 가족들은 그렇게 생각한다. 그런 심리는 이해할 수 있다. 그런데 왜 그들이 원혼이 되어야 할까? 원혼은 산 사람의 인생을 방해하는 악귀이다. 익사하거나 미혼으로 죽은 사람은 억울하고 아쉬워서 이승을 떠나지 못할 뿐 아니라, 살아 있는 가족을 해칠 것이라고 가족들은 그들을 두려워한다. 익사한 망자는 자신을 제대로 보호하지 않은 부모나 형제를 원망하고, 미혼으로 죽은 아들은 결혼하지 못한 것이 부모 탓이라고 여기고 부모에게 원한을 품을 수 있기 때문이다. 실제로 그런 마음을 망자가 품는지 알 수 없지만, 살아 있는 가족들은 그렇게 믿는다. 가족들은 망자가 살아 있는 가족들의 삶을 방해하지 않고 떠나가기를 바란다. 이 때문에 씻김굿을 하는 것이다.

오랫동안 병석에 누워 있다가 사망한 어른의 경우를 고려하여 보자. 초상이 났을 때 시신(屍身) 옆에서 직접 하는 씻김굿을 곽머리씻김굿이라고 한다. 노환으로 죽은 어른은 익사한 사람처럼 억울하지도, 미혼으로 죽은 사람처럼 아쉽지도 않을 것이다. 그런데 살아 있는 가족들은 왜 씻김굿을 할까? 이런 경우 가족들의 심리를 이해하려면 정신분석이 필요하다. 정신분석은 무의식의 심리를 탐색한다. 우리의 정신은 의식과 무의식이라는 두 개의 방으로 구성되어 있다. 의식의 심리과정은 인지할 수 있지만, 무의식의 심리과정은 인지하지 못한다. 그 이유는 무의식의 심리과정에는 절대로 인정하고 싶지 않은 이기적, 반도덕적 소망이 포함되어 있기 때문이다. 어른을 장기간 간병하는 가족들에게 그가 빨리 죽기를 바라는 마음이 일어난다. 이것은 반도덕적 소망이므로 가족들은 그것을 억압하여 의식하지 못한다. 그러나 그런 나쁜 마음이 작동하였으므로 자신도 모르게 가족들은 죄책감을 느낀다. 이런 무의식적 죄책감 때문에 죽은 사람의 영혼은 악귀가 되는 것이다. 내가 타인에게 나쁜 마음을 먹었다면, 타인도 나를 그렇게 대할 것이라고 지레 두려워하는 것이다. 프로이트는 『토템과 타부』에서 죽은 사람이 악령이 되는 과정을 이렇게 분석하였다. 굿은 그런 무의식적 죄책감을 해소하여 준다. 망자의 원한은 살아 있는 가족을 향하고 있다. 실제로 그런지는 알 길이 없지만 가족들은 그렇게 믿고 있다. 가족들은 굿을 하여 망자의 원한을 풀어줌으로써 살아 있는 사람들의 죄책감도 해소하여 주는 것이다. 이런 점에서 씻김굿 같은 진혼굿은 죽은 사람의 원한과 산 사람의 죄책감을 씻어버리고 서로 화해하는 해원상생의 굿이다.

씻김굿은 진혼굿이며, 지전무는 진혼무이다. 둘의 결정적 차이는 고사소리이다. 지전무에 고사소리를 덧붙이면 지전무는 진혼굿이 된다. 인간은 죽는 존재이며 망자를 두려워하게 되어 있다. 그래서 죽은 자와 산 자가 화해하는 해원상생의 진혼무가 없을 수 없다.

동래학춤

1905년 러시아의 전설적 발레리나 안나 파블로바(Anna Pavlova)는 자선 행사에서 추어야 할 짤막한 솔로 작품 하나가 필요했다. 그녀는 젊은 안무가 미셸 포킨(Michel Fokine)을 찾아가 춤을 만들어 달라고 요청하였다. 포킨은 〈빈사의 백조(The Dying Swan)〉를 만드는 데 단 몇 분이 걸렸다고 회상하였다. 이 작품에는 특별히 볼 만한 동작은 아무것도 없다. 주요 스텝은 파 드 부레(pas de bourrée couru)인데, 이것은 발끝으로 서서 신속하게 진행하는 작은 스텝의 연속에 지나지 않는다. 우리는 이 스텝을 〈백조의 호수〉 2막에서 오데트와 왕자의 2인무에서도, 〈지젤(Giselle)〉 2막에서 윌리(Wilis)의 여왕인 미르타(Myrtha)의 춤에서도 볼 수 있다. 〈빈사의 백조〉에서 파 드 부레는 처음에는 부드럽게 미끄러지듯이, 그다음엔 전율하듯이, 결국에는 더듬거리듯이 수행되어, 삶의 흐름, 죽음의 그림자, 그리고 죽음 자체를 나타낸다.[*] 미셸 포킨은 오래되고 친숙한 스텝인 파 드 부레를 활용하여, 살기 위해 필사적으로 노력하지만 결국에는 실패하고 죽음을 수용하는 인간의 운명을 표현한다. 관객은 명확하게 의식하지는 못하더라도 죽을 운명의 새와 자신을 동일화하여, 꺼져가는 생명을 황홀하게 바라본다.

무용에서 동작의 해석과 사용은 열려 있다

발레에서 고전적 스텝은 다양한 사용과 해석이 가능하도록 열려 있다. 그러나 한국 전통 무용에서는 그렇지 못하다. 한 동작에 특정한 의미가 고착되어 있는 것이다. 조선 무용가들은 살풀이에서 수건을 던지는 동작은 액을 푸는 것이고, 앉아서 몸을 숙이는 앉음 사위는 절규하는 것이라고 규정한다. 그런데 수건을 앞으로 뿌리는 동작이 반드시 그런 의미여야만 할까? 그렇지 않다. 무용수가 그 동작을 적절하게 활용한다면, 수건뿌림은 연인과 나를 맺어주는 상징적 연대가 될 수 있고, 환희의 표출일 수도 있다. 〈빈사의 백조〉에서 파 드 부레라는 동일한 스텝이 삶의 운동, 죽음의 공포, 죽음의 수용이라는 세 가지 의미로 사용되고 있는데, 이러한 의미의 유동성이 조선무용에는 없는 것이다.

사랑이라는 동일한 단어는 여러 가지 의미로 쓰인다. 부모를 사랑할 때, 음악을 사랑할 때, 그리고 연인을 사랑할 때, 사랑의

---

* 월터 테리, 『춤을 어떻게 볼 것인가』(원제: How to look at dance), 현대미학사, 1999, 51쪽.

의미는 다르다. 발레에서 아라베스크(arabesque)라고 부르는 스텝은 사랑이란 단어만큼이나 많은 의미를 가질 수 있다. 아라베스크를 하는 무용수는 한 다리를 뒤로 길게 직선으로 뻗고 다른 다리로 선다. 이 스텝은 아주 많은 아이디어를 나타낼 수 있다.* 아라베스크 무용수가 몸을 앞으로 약간 굽히고 시선을 아래로 향하면, 이 자세는 중력의 당김을 암시하여 슬픔, 좌절을 나타낼 수 있다. 반면 머리를 세우고 앞으로 보며 팔을 앞으로 뻗으면서 수행되는 아라베스크는 어디로든 나아가는 운동을 암시한다. 그리고 머리를 위로 올리고, 따라서 가슴도 올라가고 팔을 하늘로 뻗는 아라베스크는 영혼의 동경이나, 족쇄로부터의 해방을 말한다.

한국무용에서 동작의 의미는 닫혀 있다

무용에서 움직임(동작)은 스텝, 제스처, 또는 사위(새)라고 부른다. 움직임은 발레든 조선무용이든 모두 인간의 신체로 만들어내는 것이다. 발레에서 하나의 스텝이 여러 가지 의미를 표현할 수 있다면, 조선무용의 사위도 그럴 수 있다. 그런데 조선무용에서는 동작의 의미가 고정되어 있는데, 그 이유는 무엇일까? 조선무용의 안무자나 무용수 그리고 연구자들이 동작을 폐쇄적 방식으로만 바라보고 해석해왔기 때문이다. 폐쇄된 해석이 답습(踏襲)되면, 동작의 사용과 해석은 점점 더 경직되어 하나로 고정

---

* 월터 테리, 앞의 책, 60쪽.

된다.

승무에서 위로 옷자락을 던지는 사위가 반드시 구도의 염원일 필요는 없다. 현대에서 승무를 추는 무용수는 아무도 불교의 진리를 탐구하지 않는다. 그는 자기 마음대로 동작에 의미를 부여하여 춤을 출 수도 있다. 그렇지만 조선무용의 동작에는 전통적으로 특정한 의미가 고착되어 있어서 무용수가 춤을 출 때나 관객이 감상할 때 그것으로부터 벗어나지 못하는 것이다. 그러면 무용수가 자신의 해석을 전통 춤에 부여할 수 없어서, 누가 추든 비슷비슷해져 버린다. 전통무용 공연이 인기가 없는 이유는 무용수의 개성이 춤에 반영되지 않아서 어떤 공연을 보러 가든 한 사람이 추는 듯 천편일률이기 때문이다. 그리고 예술 작품의 감상에는 정답이 있는 것이 아니다. 동일한 작품을 관람하더라도 감상자는 자신의 인식에 따라 작품에 다양하게 반응한다. 그런데 어떤 무용 동작의 의미를 고정시켜 놓으면 예술 감상의 개별성을 막아버린다. 예술 작품을 감상하는 사람마다 경험이나 환경, 이념이 다르다. 감상자의 개별적 특성에 따라 작품은 다르게 수용될 수 있는 것이다.

동래학춤은 학춤이 아니다

동작의 의미가 닫혀 있는 문제는 동래학춤에서도 마찬가지이다. 연구자나 무용수들은 '학춤'이라는 명칭에 구속을 받아 모든 동작을 학의 이미지와 연관시켜 이해하려고 한다. 학은 고고

하고 우아하고 청초하니, 학춤도 그렇다고 보는 것이다. 동래학춤이 학의 동태를 모방한 춤이라는 것은 학춤이라는 이름 때문에 명백한 사실처럼 보인다.

그러나 지금 우리가 동래학춤은 부르는 춤은 이전에는 '학춤'이라고 불리지 않았다. 일단 이 춤을 '큰 배김춤'이라고 하자. 판소리 본 공연을 하기 전에 소리꾼은 단가(短歌)를 부르며 목청을 다듬고 청중이 모이기를 기다린다. 마찬가지로 동래야류 본 공연에 들어가기 전에 짤막한 여러 개의 단무(短舞)를 추었고, '큰 배김춤'은 그중 하나였다.* 이 춤에는 별도의 의상이 없다. 무용수는 당시 외출복인 도포와 갓을 쓰고 춤을 추었다. 어느 날 도포 자락이 너울거리는 것을 어떤 관객이 보고 그 춤에 대해 학이 춤을 추는 것 같다고 평했다. 이 말을 듣고 무용수들이 그럴듯하다고 생각하여 학의 동태와 닮도록 동작의 일부를 가다듬었다.** 그 후 사람들은 그 '큰 배김춤'을 학춤이라고 부르기 시작했다. 궁중 정재인 학무는 학의 탈을 쓰고 학의 동태를 모방한다. 반면 동래 학춤은 학춤이 아니었는데 우연히 그렇게 불린 것이다. 학춤이라고 불리면서 학의 동태를 본떠 동작이 일부 변했다고 하는데, 필자가 보기에 그 정도는 아주 적어 실제로 지금도 동래학춤은 학을 모방한 춤이 아니다. 동작의 형태에 충실하게 이름을 붙인다면 동래학춤보다 '동래 큰배김춤'이 더 맞을 것이다.

---

* 서국영, 『동래학춤』, 문화재관리국, 1973.

** 김온경, 「동래학춤에 관한 연구」, 『한국무용연구』 제5집, 한국무용연구회, 1987, 7쪽.

서국영 교수의 오해

동래학춤을 처음 연구하여 발굴한 사람은 서국영 교수이다. 서 교수는 1973년 문화재 관리국에 제출한 보고서에서, 동래학춤에 관한 문헌을 찾을 수 없었으며, 과거의 명무수에게 물어서 연원을 추적했다고 말한다. 그러면서도 서 교수는 보고서에 동래학춤은 학의 청초하고 우아한 움직임을 민속적 율동으로 표현한 무용이라고 단언했다. 그는 동래학춤이 원래 학춤으로 불리지 않았던 점을 몰랐거나 무시했던 것 같다. 동래에는 학수대(鶴首臺)와 학소대(鶴巢臺)라는, 학(鶴)과 관련이 있다는 지명이 있다. 서 교수는 학이 이 지역에 날아와 서식했기 때문에 그런 이름이 붙었을 것이라고 추측한다. 그러나 그런 연유는 아닐 것이다. 필자가 어릴 때 살았던 고향 뒷산의 이름은 비봉산(飛鳳山)이다. 그 산에 봉황새가 날아와서가 아니라, 산의 형상이 봉황이 나는 듯하여 비봉산이라고 부른 것이다. 학수대, 학소대도 그 지역이 각각 학의 머리나 학의 집과 닮아서 그런 명칭으로 불린 것이라고 보는 것이 합당할 것이다. 다시 서 교수는 동래의 서남 편에 물이 많이 고인 소택에 황새가 떼를 지어 서식하였다는 점을 지적하여 주민들이 황새를 관찰하며 학의 몸짓을 연상하였을 것이라고 추측한다. 이 추측도 동래학춤을 학의 이미지와 억지로 연결하고자 하는 무리한 시도이다. 황새를 관찰하고 춤을 만들었다면 황새춤이 되는 것이 자연스럽다. 서 교수는 동래학춤을 청초하고 우아한 학의 동태를 민속무로 표현한 무용이라고 규정하지만, 이것은 문헌이나 고증, 자연적 배경에서 아무 근거가 없다.

동래학춤은 학의 내면적 성격을 모방하는가?

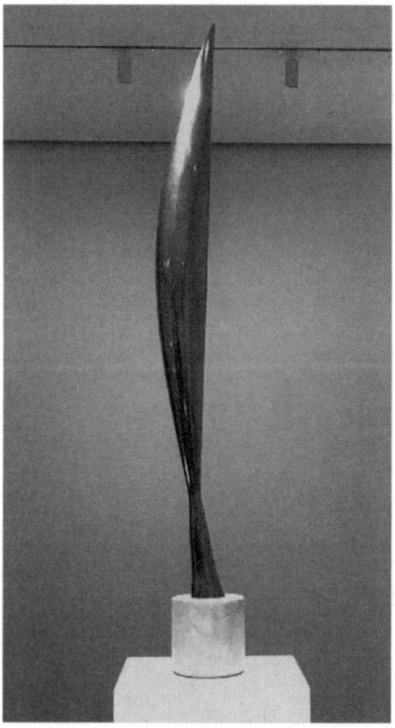
브랑쿠시 〈공간 속의 새〉(1923)

루마니아의 조각가 콘스탄틴 브랑쿠시(Constantin Brâncuşi)의 작품 〈공간 속의 새〉는 새의 외형과 닮지 않았다. 그 작품은 아래는 잘록하고 중간은 불룩했다가 다시 잘록하게 쭉 빠진 일(1) 자형 물체이다. 어디든 새와 외면적 형태와 유사하지 않다. 그런데 이 작품은 새의 운동과는 닮았다. 새가 공기의 저항을 뚫고 나아가는 운동의 구조를 조각의 구조가 모방하고 있는 것이다. 모방에는 외면적 형태의 모방과 내면적 성질의 모방 두 개가 있다. 위에서 동래학춤이 학의 외면적 형태를 모방한 춤이 아니라는 점을 필자는 얘기했다. 그렇지만 아직 동래학춤이 학춤일 가능성은 남아 있다. 만약 동래학춤이 〈공간 속의 새〉처럼 학의 내면적 성격을 표현한 것이라면, 동래학춤은 학춤인 것이다. 이 문제는 동래학춤의 동작을 조사하지 않으면 결정할 수 없다.

동래학춤의 주요 동작

동래학춤의 동작은 크게 네 부류로 나뉜다고 필자는 본다. 날음새, 어름새, 배김새, 일자 사위. 이 명칭 중 예전부터 사용되던 것은 배김새 하나뿐이다. 나머지는 학춤을 가르치면서 최근에 지도자들이 만들어낸 용어이다.*

날음새

날음새는 서국영의 보고서에는 비상태, 김온경의 연구에서는 활개짓 뜀 사위라고 불린다 이 사위는 왼팔과 오른팔을 너풀거리며 뛰면서 춤판을 도는 동작이다. 학춤이 시작할 때 무용수들은 날음새로 뛰어 들어가고, 마칠 때도 이 동작으로 퇴장한다. 아마 동래학춤을 추는 사람들에게 가장 후련한 동작은 바로 날음새일 것이다. 공중으로 점프하며 뛰어 오르면 걱정과 근심이 날아가 버리고 황홀한 기분이 일어나기 때문이다.

이 동작을 학이 우아하게 날아가는 모습을 흉내 내는 것이라고 의미를 고정하면 안 된다. 매주 금요일 오후 부산민속예술관에서 예능 보유자 이성훈 선생으로부터 수련반 회원은 동래학춤

* 김온경, 앞의 글, 8쪽.

이성훈의 날음새

지도를 받는데, 회원 누구도 학이 나는 모양이라는 생각은 들지 않는다고 했다. 3년 정도 수련을 했다는 남성 회원은 춤이 시작되기 직전 몸을 들썩이며 날음새를 준비하면서 "신명이 납니다"라고 쾌활하게 웃는다. 신명은 즐거움이 일으키는 탈자 상태이다. 사람들은 아주 즐거우면 자신을 잊어버린다.

날음새는 신명을 나타낸다. 그러나 꼭 이렇게 신명의 환희로 의미를 고정해서도 안 된다. 동작의 연결에 따라 날음새는 분노의 폭발일 수도 있다. 만약 평양 만수대 예술단의 안무자가 동래학춤으로 작품을 만들면, 날음새가 혁명의 봉기를 의미하도록 활용할지도 모른다.

날음새는 탈춤에서도 나오는 동작이다. 그렇지만 동래학춤에서처럼 동작이 크면서 연속으로 시행되지는 않고, 좀 가볍게 뛰거나 크게 점프해도 한 번에 그친다. 이런 점에서 날음새는 뒤에 설명할 배김새와 함께 동래학춤을 독특하게 만들어 주는 동작이다.

어름새

어름새는 관망하거나 희롱하는 듯한 느리지도 빠르지도 않은 동작이다. 맺는 동작은 긴장을 집중하고, 푸는 동작은 해소한다. 맺는 동작에서는 흥분이 고양되고, 푸는 동작에서는 감소하기 때문에, 어름새는 맺는 동작과 비교하면 흥분을 낮추는 것이고, 푸는 동작과 비교하면 흥분을 일정량 유지하는 중용의 동작이다. 동래학춤에서 어름새는 서서도 하고, 앉아서도 한다.

동래학춤을 학과 억지로 연관시키는 연구자들은 이 동작을 학이 모이를 찾는 동작이라고 해석하여 '모이 어름사위'라고 부른다. 그러나 이런 어름사위는 다른 무용 작품에서도 자주 나온다. 이것을 모이 찾기라는 의미로 고정할 이유는 전혀 없다. 어름새는 사려, 숙고하거나 여유를 회복하려는 마음 다짐의 의미를 표현할 수 있다. 작품의 주제가 남녀의 사랑이라면 어름새는 남녀 사이에서 일어나는 주도권 다툼의 긴장을 나타낼 수도 있다.

어름새가 학의 모이 찾기가 되어버리면 학춤의 가치가 낮아진다. 왜 우리는 학의 모이 찾기를 흉내 내는 춤을 추어야 하는가? 학이 전통사회에서 상징하는 덕목은 현대사회에서는 별 쓸모가 없다고 필자는 본다. 학의 고고함이 세속을 떠나서 여유롭고 깨끗하게 사는 데 있다고 하자. 세속을 떠나 산으로 가면 친구도 직장도 병원도 시장도 없다. 그런 야만 상태에서 살아가는 것은 현대에는 지옥이지 우리가 동경할 가치는 아닌 것이다. 학을 흉내 내면서 학의 이미지와 닮아가는 것이 현대인에게는 큰 의미가 없으므로, 동래학춤을 학의 모방으로 이해하고 그렇게 춤을 만들어가면 동래학춤은 현대인에게 아무런 매력이 없게 된다.

배김새

배김새는 앞으로 크게 뛰어 상체를 아래로 기울이며 발로 배기는 동작이다. 배긴다는 것은 벤다는 말에서 나왔다고 한다.* 그런데 필자의 느낌으로는 누르거나 박아버리는 것이다. 점프하여 오른발로 지면을 콱 밟아버릴 수도 있고, 왼발로 박아버릴 수도 있다. 고성오광대 같은 탈춤에서도 이런 유형의 동작이 나온다.

---

* 김온경, 「부산·경남 춤 원류 연구」, 『우리춤 연구』 제4집, 우리춤연구소, 2007, 65쪽.

그런데 동래학춤의 배김새는 가장 크고 강렬하다. 특히 왼발로 배길 때에는 점프하여 왼발을 공중에 일단 정지한 후, 더 높이 들었다가 땅바닥을 꽉 밟아버린다. 배김새를 김온경 교수는 일의 매듭을 맺어버린다는 의미로 해석한다.* 필자도 그 의견에 동감한다. 현대사회는 너무나 복잡하여 아무리 숙고해도 성공을 확신하지 못하고 주저주저하게 된다. 이럴 때 생각만 많으면 아무것도 시작하지 못한다. 회의를 밟으며 전진을 결단하는 의미가 배김새에 나타나는 것이다.

배김새에는 앞뒤로 준비 동작과 정리 동작이 따라온다. 전에 수행하는 준비 동작은 좌우 활개 사위라고 부른다. 이것은 양팔을 몸통 옆에서 올렸다 내렸다 하는 동작이다. 이후에 뒤따라 나오는 정리 동작은 풀이사위라고 하는데, 이것은 배김사위에서 낮추었던 상체를 흔들면서 위로 일으켜 세우는 동작이다.

배김새는 작품에 따라 다른 의미로 사용될 수 있다. 배김새에서 상체를 기울이며 양팔을 무언가를 받들 듯이 내어 밀면 이 동작은 경의와 숭배의 의미를 갖게 된다. 국립부산국악원 무용단의 안무자 정신혜는 〈학무 춘지월〉이라는 작품(국립부산 국악원 연악당, 2018.10.27.)에서 이성훈을 중심에 둔 채 그를 무용수들이 세 겹의 원으로 둘러싸고 중앙을 향하여 배김새를 수행했다. 이때의 배김새는 수십 명의 무용수들이 이성훈 선생에게 경의를 표하는 의미이다. 한 관객은 중앙의 무용수(이성훈)가 뮤지컬 〈캣

---

* 김온경, 위의 글, 11쪽.

배김새

츠〉의 그리자벨라처럼 승천하는 듯하여 울음이 터졌다고 한다. 차안과 피안이 겹치는 신비의 세상이 연출되도록 정신혜는 배김새의 의미를 새롭게 창조한 것이다.

남녀가 마주보고 배김새를 수행하면 어떻게 될까? 그러면 두 사람은 서로 손을 잡듯이 양팔을 뻗으며 발을 내디뎠다가, 서로 반대 방향을 보며 일어난다. 이렇게 되면 배김새는 달콤한 사랑의 유희가 된다. 배김새는 정말 사랑만큼이나 다양한 의미로 사용될 수 있는 것이다.

일자 사위

일자 사위는 양팔을 한 일(一) 자로 뻗는 동작이다. 이 동작은 변형이 많다. 어깨를 너울거리며 앞으로 걸어갈 수도 있고, 회전할 수도 있다. 한 손을 머리 위로 올려 L 자 모양을 취하고 옆으로 걸어가기도 하는데, 이 변형을 옆걸음 사위라고 부른다. 두 손을 위로 올려 소쿠리를 들듯이 걸어가면 소쿠리 사위라고 부른다. 동래학춤에는 즉흥춤을 추어야 하는 곳이 여러 군데 있다. 여기에는 정해진 동작이 없어서 무용수 개인이 동작을 만들어 넣어야 한다. 즉흥춤의 대목에 일자 사위와 그 변형들이 자주 사용된다.

배김새와 일자 사위에서도 학의 모양과 닮은 점은 없다. 어떤 이는 배김새가 학이 몸을 기울이는 동작이라고 하고, 일자 사위는 학이 걸어가거나 날아가는 모습이라고 하는데, 이런 이해는 어색하고 동래학춤의 발전에도 도움이 되지 않는다. 일자 사위와 여러 가지 변형들은 무용가가 나름대로 의미를 부여할 수 있도록 열려 있는 동작이다.

동래학춤은 고고한 학의 이미지를 모방하지 않는다

조선시대와 현대 민주사회는 이념과 가치가 다르다. 조선은 왕이 통치하는 신분제 사회라서 개인이 자신의 꿈을 실현하는 데 사회적 제약이 많았다. 이럴 때는 외부 세계와 싸우는 것보다 내부로 도피하여 내면의 안락을 도모하는 것이 좋은 방책이었다. 그러나 현대사회는 개인의 자유를 제약하는 사회적 요인이 과거에 비해 엄청나게 감소했다. 누구나 열심히 일하고 현명하게 판단하고 행운이 따르면 자신의 이상을 세상에서 실현할 수 있다. 현대는 자유가 가능한 시대인 것이다. 이런 사회에서는 세속을 떠나 자신의 내면이나 산속으로 도피하는 것이 아니라, 결단하고 도전하고 전진하는 씩씩한 자세가 가치 있는 것이다. 현대사회에 부합하는 학의 이미지는 고고나 우아, 청초가 아니라 자유를 향한 비상이나 세상으로부터 상처받지 않는 강인한 버팀이다. 만약 동래학춤이 이런 새로운 학의 이미지를 닮아간다면 현대인에게도 매혹적인 춤이 될 것이다.

새 시대는 새로운 노래를 부른다

19세기 독일의 철학자 헤겔은 미학 강의에서 노래는 항상 새롭게 변해야 한다고 주장한다(Hegel, 457). 노래의 내용은 시대와 함께 지나가버리는 일시적 성격이므로 한 민족이 백년, 천년 동안 같은 노래를 부를 것이라고 생각해서는 안 된다는 것이다. 노래는 기분처럼 생겨나고 사라지고, 우리를 기쁘게 하였다가 침묵한다. 노래의 꽃밭은 항상 새롭게 피어나므로, 정체되어 발전하지 못하는 민족은 옛날 노래만을 계속 간직하게 된다.

어떤 특정한 노래가 사람들에게 기쁨과 위로를 주던 시절이 있었다. 그러나 시절이 바뀌면 그 노래는 더 이상 사람들이 공감하지 못한다. 시대가 바뀌고 사람들의 관심이 변하면 새로운 노래가 나온다.

춤도 마찬가지이다. 새로운 시대에는 새로운 동래학춤이 나올 수 있다. 동래학춤은 1972년 부산무형문화재로 지정되어 원형이 보존되고 있다. 그 원형은 전수자나 이수자들이 잘 보존해

어름새

배김새

야 한다. 그러면서 지금의 동작에 새로운 의미를 부여하고, 동작을 수정하고, 새로운 동작을 삽입하고, 장단도 변화를 주는 신동래학춤도 창작되어야 한다. 과거에 고정되어, "우리 것은 좋은 것이여"라며 전통만 붙잡고 있는 것은 어리석다. 전통은 그때는 좋았으나 지금은 그렇지 않을지도 모른다.

지신밟기

양력설보다 음력설이 더욱 기쁘고 즐거운 데 이유가 있다. 양력 정월은 겨울의 한가운데 있지만, 추운 겨울이 지나고 새 생명이 싹트는 봄이 음력 정월에 시작하기 때문이다. 초봄은 만물이 새로 출발하는 시기이므로 희망의 기쁨이 가득하다. 우리의 전통사회는 농업이 주요 산업이었으므로 현대사회보다 정월은 경하지기(慶賀之期)의 의미가 더욱 컸을 것이다.

음력 정월이 되면 초하룻날 차례(茶禮)를 봉행하고 부모와 어른에게 세배를 한다. 그다음 여러 가지 놀이를 즐긴다. 송석하는 1935년 〈조선중앙일보〉에 투고한 글에서 남조선에서 삭전(索戰), 척사(擲柶), 투우, 가면극 그리고 지신밟기와 같은 연극 내지 무용 등이 많았다고 한다.* 삭전은 줄다리기이고, 척사는 윷놀이이다. 삭전은 중국에서 들어온 것이라고 송석하는 추리하는데, 북쪽보다 남쪽이 더 왕성(旺盛)하고, 영남에서는 진주와 동래에

* 송석하, 『石南 宋錫夏-한국 민속의 재음미 上』, 117-120쪽.

서 꾸준히 전승되고 있다고 보고한다.

정월의 민속

송석하는 삭전에 성적 의미가 들어 있다는 점을 지적한다.* 동서든 남북이든 편을 갈라 한편은 수줄이라 하고 한편은 암줄이라고 부른다. 수줄에는 남근을 상징한 커다란 목봉(비녀목)을 두부에 사용하고, 암줄에는 여음을 상징한 꼭지를 만들어 이것에다가 수줄의 목봉을 삽입하여 줄을 연결한다. 이것은 구합(媾合)의 상징이다. 삭전은 줄을 당기는 시합만 하는 것이 아니라, 많은 사람들 앞에서 남녀 생식 행위를 모행(模行)하는 것이다. 구합에서 생명이 탄생하기 때문에, 구합의 모행에는 풍요를 비는 소망이 담겨 있다.

지신밟기는 정초에 풍물패가 마을의 집집을 방문하여 한 해의 행운을 빌어주는 민속이다. 삭전과 가면극은 지신밟기와 깊은 관계가 있다. 삭전이나 가면극의 이전 또는 이후에 지신밟기가 연행되므로 지신밟기는 두 민속의 서곡이나 반주곡인 셈이다. 지신밟기 패들은 풍물을 치면서 집 안으로 들어가 마당을 돌면서 땅을 발로 쾅쾅 구르면서, 복을 불러들이고 액을 물리치는 사설을 노래하고, 거기에 맞추어 춤을 춘다.

---

* 송석하, 위의 책, 117쪽.

지신밟기

지신을 밟는다는 것은 청신(請神)이다

대지는 하늘처럼 신(神)이다. 그래서 땅을 밟는 것은 지신(地神)을 밟는 것이다. 지신을 밟는 것은 무슨 의미가 있을까? 보통 지신을 밟는 것을 나쁜 귀신을 밟아서 제압한다는 의미로 해석하는데 필자는 그렇게 생각하지 않는다. 지신은 악귀가 아니다. 그러므로 지신을 밟아서 누를 필요가 없는 것이다. 필자는 지신을 밟는 것은 지신을 부르는 청신이라고 본다. 대지에 여러 종류가 있으니 지신의 종류도 많다. 당산에는 당산 지신, 대문에는 대문 지신, 마당에는 마당 지신, 부엌에는 부엌 지신, 장독에는 장독 지신, 뒷간에도 지신이 있다. 반면, 우물은 물이니 용왕이 신이다. 지신밟기는 이런 신들을 인간 세상에 불러들이는 종교적 행위이다.

지신밟기는 크게 세 과정으로 구성되어 있다. (1) 집안굿을 하기 전 당산굿과 우물굿 (2) 집안굿 (3) 집안굿이 끝난 후 공연. 당산이란 마을의 수호신인 당산신이 거주하는 곳이고, 우물은 마을 사람들이 공동으로 사용하는 곳이다. 우물굿은 우물을 다스리는 용왕에게 맑은 물이 많이 나오도록 빈다. 우물굿을 마치고 지신밟기 패가 가가호호(家家戶戶) 집을 방문한다. 집 앞에서 먼저 주인에게 들어가도 좋은지 허락을 받기 위해 풍물을 치며 논다. 이것이 대문 굿이다. 주인이 허락하면 지신밟기 패들이 들어가, 마당에서 풍물패는 풍물을 울리고 잡색들은 춤을 추면서 마당놀이를 벌인다. 마당놀이에서 "여루여루 지신아 잡귀잡신은 물알에로 만복은 이리로."라는 고사(告祀)소리가 나온다. 고사소리는 전담하는 사람이 정해져 있다. 마당놀이의 고사소리 안에 지신은 악귀이니 밟아 제압하자는 내용은 없다. 오히려 지신을 불러서 잡귀 잡신을 물 아래로 쫓아버리고, 만복은 이리로 보내달라고 지신에게 요청하는 내용이 들어 있다.

지신을 눌러 주소

부산 고분도리 걸립에서 고사 소리의 서두는 "○○지신을 눌러주소/여루우 지신아 ○○지신 눌러보자"이다. '고사(告祀)소리'

는 옛 조상들이 집안이나 마을신에게 일이 잘되도록 기원하는 의례를 올릴 때 부르던 노래이다. 고사소리를 담당했던 공연 집단은 원래 광대였으나 뒤에 초라니 패, 절걸립패, 풍물패들이 그것을 불렀다. 초라니 패는 떠돌아다니며 춤과 노래, 기예를 부리는 농민 집단이다. 절걸립패는 돈을 모으기 위해 떠돌아다니며 공연하는 승려 집단이다. 절 건립(建立) 등 불사를 일으킬 때 승려가 직접 꽹과리를 치거나 꽹과리를 잘 치는 민간인을 고용해 걸립패를 조직해 걸립을 다녔는데 이런 단체를 중매구 또는 절걸립패라고 한다. 걸립이란 건립(建立)에서 나온 말인데, 절의 건립을 위해서뿐만 아니라 어떤 목적을 위해서든 공연을 하고 모금 활동을 하는 예능 행위를 의미한다.

전라도 지역에서는 판소리 명창이 고사를 부르기도 했는데, 그들이 부르는 고사소리를 '고사창(告祀唱)'이라고 한다. 과거 고사창은 홍패고사(대과에 급제하고 홍패를 받았을 때 사당에서 지내는 고사), 백패고사(소과에 급제하고 백패를 받았을 때 사당에서 지내는 고사)와 같은 상류사회의 축하 의식에서 공연됐고, 성주고사나 배고사와 같은 서민의 축제 의식에서도 연행됐다.

전통사회에서 고사소리는 집을 짓는 것과 같은 개인이나 단체의 대소사에서, 그리고 정초에 풍물패가 집들이할 때 들을 수 있었다. 정초의 고사소리는 다소 내용은 틀리지만 모두 풍물패들이 집집을 돌며 복을 빌고 액을 물리치는 노래다. 정초의 고사소리는 여러 명칭으로 불린다. 황해도 등지의 서낭 소리, 강원도 충청북도의 고사반(告祀飯), 경상도 충청남도 전라도의 지신밟기

고분도리걸립

등등이다.

부산 고분도리걸립은 부산광역시 무형문화재 제18호로 지정되어 있다. 고분도리는 부산시 서구 서대신동 일대의 옛 지명이다. 부산 고분도리걸립은 한 해를 시작하는 정초에 나쁜 일은 물리치고 좋은 일만 있기를 바라는 뜻에서 이 지역에서 가가호호 방문하여 제액초복(除厄招福) 또는 벽사진경(辟邪進慶)을 기원했던 풍물굿이다. 이 단체를 걸립이라고 하는 이유는 복을 빌어준 대가로 쌀이나 돈을 조금씩 받았기 때문이다.

부산 고분도리걸립은 기수, 악사, 잡색 등 총 37명으로 구성되어 있다. 기수는 깃발을 드는 사람이다. 지신밟기 패는 삼지창을 단 깃대에 영(令) 자를 쓴 깃발을 달아 지신밟기의 선두에 서게 한다. 악사는 연주자, 잡색은 양반, 포수, 각시 등으로 분장하여 연기하고 춤추는 연희자를 말한다. 지신밟기의 순서는 다음과 같다: (1) 당산굿을 마치고 마을로 들어오면서 우물굿을 하고 (2) 각 가정을 방문하여 대문 굿, 성주풀이, 조왕굿, 장독굿, 곳간굿, 정낭굿, 마굿간굿을 하고 나서 (3) 풍어를 기원하는 용왕제를 올린 후 한바탕 춤 놀이를 펼친다. 성주풀이는 성주(城主)의 내력을 열거하는 내용이다. 성주는 집의 건물을 수호하는 가신(家神)들 중의 하나인데, 성(城)의 주인이라는 의미에서 성주이다.

부산 고분도리걸립의 장독굿 고사소리의 사설은 다음과 같다.

여루 지신아 장독지신을 눌러주소.
비나이요. 비나이요. 장독지신께 비나이요.
이 장독을 바라보니 꼬치장 도가지 닷말치요.
간장독은 닷말치라. 된장, 막장은 서말치요.
꿀 치자. 꿀 치자. 장독에다 꿀을 치자,
눌러주소. 눌러주소. 천년만년을 눌러주소.
잡귀 잡신은 물 알로 가고 만복수복만 이리오소.

첫 행에서 장독의 지신을 불러서 고추장, 간장, 막장을 잘 보관해달라고 빌어야 하는데, 지신을 "눌러주소"라고 한다. 이 사설은 축원과 성격이 맞지 않는 듯하다. 이것은 지신밟기에 나례(儺禮)의 흔적이 남아 있기 때문이라고 최자운은 해석한다.* 나례란 섣달그믐날 궁중에서 무서운 가면을 쓴 사람들이 몽둥이를

---

* 최자운, 「부산 경남지역 지신밟기 공연의 추이와 의의」, 『한국민요학』 제40집, 한국민요학회, 2014, 240쪽.

흔들고 주문(呪文)을 외면서 귀신을 쫓는 춤을 추어, 묵은해의 잡귀를 몰아내던 의식이다. 나례는 연종(年終) 행사인데, 이것이 해의 시작에 연장되어 지신밟기가 생겨나게 되었다. 지신밟기의 유래는 나례라고 송석하도 해석한다.* 나례는 기본적으로 악귀를 추방하는 축귀의 성격이다. 지신밟기는 지신에게 축복을 비는 축원이 기본인데, 지신밟기가 나례에서 비롯하다 보니 축귀의 성격이 지신밟기에 이전된 것이다.

지신을 울리자

축귀의 성격은 가신에 대한 축원 사설에 남아 있다가 사라진다. 부산 구포 대리와 동래 지신밟기(부산광역시 무형문화재 4호)의 각 고사소리 서두는 "어이여루 지신아 ○○지신을 울리자/울리자 울리자 ○○지신을 울리자"이다. 구포 대리 지신밟기의 조왕지신풀이 사설은 다음과 같다. 조왕은 부엌이다.

어이여루 지신아 조왕지신을 울리자
울리자 울리자 조왕님도 울리자
여기가도 조왕신 저기가도 조왕신
이집조왕은 대조왕 팔만대조왕 울리자
큰솥은 서말지요 동솥은 두말지

---

* 송석하, 『石南 宋錫夏-한국 민속의 재음미 上』, 121쪽.

두말지 서말지 안친밥 사시장천 먹어도
먹고시고도 남고 시고먹어도 남아주소

사설의 첫 행에서 조왕의 지신을 "울리자"고 한다. 최자운에 따르면 여기서 조왕신을 울리자는 것은 여러 악기를 울려 그곳에 좌정한 신을 기쁘게 하자는 의미이다.* 부산 구포 대리와 동래 지신밟기에서는 지신을 눌러서 발동하지 못하게 하자는 흔적은 사라지고, 지신을 즐겁게 하자는 관념이 자리 잡았다. 다음은 동래지신밟기의 도장(곳간) 지신풀이이다.

어히여루 지신아 도장 지신 울리자
개리보자 개리보자 천석만석 개리보자
쌀 천 석도 개리고 잡곡 천 석도 개리자
막우자 막우자 온갖 벌레를 막우자
잡귀잡신은 물알로 만복은 이리로

첫 행에서 도장의 지신을 울리자고 한다. 도장의 지신을 노래와 춤으로 기쁘게 하여 천 석, 만 석을 쌓게 해주고, 쌀벌레는 막아달라고 비는 것이다. 사설에 축귀의 성격은 아주 약하다.

가정의 지신풀이를 마치면 야외의 일정한 장소에 연희패들이 모여 공연을 한다. 야외의 일정한 장소에서 벌이는 공연을 판

---

* 최자운, 앞의 글, 240쪽.

굿이라고 부른다. 판굿은 동래 지신밟기를 제외한 구포 지신밟기, 고분도리 지신밟기, 수영 지신밟기(부산광역시 무형문화재 제22호)에 들어 있다. 판굿은 지신밟기에서 중요 요소는 아니다. 지신밟기의 본래적 성격은 축원이기 때문이다.

지신밟기는 농촌생활에서 나온 것이다. 이제 생활방식과 주거방식이 많이 바뀌었다. 도시에 농민은 얼마 없고 훨씬 많은 사람들은 아파트에서 살며 회사에 다니거나 가게를 운영한다. 지신밟기의 중심은 각 가정풀이인데, 현대 가정은 단독주택보다 아파트에 거주하니, 들어가서 악기를 연주하고 노래 부르고 춤추기 어렵다. 그러나 지신밟기가 적절하게 변화한다면 현대 도시사회에서도 계속 살아 있을 것이다.

인간은 놀이하는 동물이다

요한 하위징아(Johan Huizinga)는 놀이를 인간의 본질이라고 본다. 그는 여타의 연구자들이 놀이를 충분하게 정의하지 못했다고 주장한다.* 보통 연구자들은 놀이의 본질과 의미를 삶의 계획 안에서 확정하고, 자리를 부여하려고 했다. 늘 그들은 놀이가 인간의 삶에서 커다란 의미가 있고, 삶에 필요한 과제를 충족하고 있다고 전제하고 있었다. 어떤 이는 놀이의 근원과 기초를 활력이 넘칠 때 잉여를 방출하는 것이라고 보았다. 어떤 이는 생물

---

* Johan Huizinga, *Homo Ludens-Vom Ursprung der Kultur im Spiel,* Hamburg: Rowhlt, 1956, 10쪽.

체는 놀면서 모방 본능을 충족한다고 했다. 어떤 이는 놀이가 긴장 해소를 위해 필요하다고 생각했고, 어떤 이는 놀이가 아이들을 훈련하여 나중의 인생살이에 필요한 것들을 하는 데 대비하게 한다고 이해했다.

이런 놀이 이론은 공통점이 있는데, 모두 다음 전제에서 출발한다: 놀이는 어떤 생물학적 기능에 봉사한다. 놀이가 어떤 생물학적 목적을 가지고 있다고 그들은 확신하는 것이다. 그러나 그것들은 부분적 해답이다. 그것들은 놀이의 본질이 무엇인지, 놀이하는 사람에게 놀이가 무엇을 의미하는지는 다루지 않는다. 기존 연구는 놀이의 일차적 성질을 서술하지 못하는 것이다. 왜 사람들은 놀이에 홀려 정신을 빼앗기는가? 왜 많은 사람들이 축구 경기에서 매혹되는가? 왜 시합은 수만 명을 광란에 빠지게 하는가? 놀이의 격렬성과 이질성을 기존의 이론은 설명하지 못한 것이다.

놀이는 문화가 존재하기 이전에도 있었다. 우리는 어디서나 일상생활과는 상이한 활동인 놀이를 발견한다. 우리가 놀이라고 부르는 삶의 특성은 놀이가 형상(이미지)을 다루고, 현실을 형상화한다는 데에 있다.* 지신밟기는 대지의 신을 불러 풍요와 안녕을 축원한다. 지신밟기에 참여하는 사람들은 연희자이든 마을 사람이든 장독과 곳간, 당산에서 신의 형상을 본다. 그런데 여기서 본다는 것은 인간과 독립적으로 존재하는 객체를 감각하는

---

* Johan Huizinga, 앞의 책, 12쪽.

것을 의미하지는 않는다. 전통사회는 과학의 수준이 아직 낮기 때문에 옛날 사람들이 정말로 대지의 신을 믿었다고 생각해서는 안 된다. 신이란 인간이 만들어낸 관념이라는 견해는 기원전부터 토론되어 왔다. 전통사회의 사람들도 열심히 일해야 곳간에 볏섬을 채우지, 곳간의 신에게 빈다고 부자가 되는 것이 아니라는 점은 잘 알고 있었다. 그런데도 그들은 지신밟기를 하면서 신에게 축원한다. 이것은 놀이이다. 그들은 마당과 부엌, 우물, 곳간에서 신의 이미지를 만들어서 그것을 보며, 세상을 그런 이미지로 변형한다. 놀이의 본질은 이렇게 이미지를 만드는 것이다. 다른 말로 하면 놀이는 세상에 일상과 전혀 다른 이미지를 입히는 활동이다.

왜 인간은 놀이를 할까? 하위징아는 놀이에 아무런 현실적 목적은 없다고 한다. 모든 놀이는 어떤 실용적 목적으로부터 구속되지 않은 자유로운 행위이다.* 놀이가 자유롭다는 것은 놀이의 배후에 무언가가 있지 않다는 의미이다. 놀이는 유용성 때문에 일어난 것도 아니고 도덕적 의무 때문에 하는 것도 아니다. 실용과 도덕은 일상 세계에서 작동한다. 그런데 놀이는 일상적 삶이 아니다. 놀이가 아닌 보통의 인간 활동에는 현실적 목적이 있다. 자동차 정비공은 차를 수리하기 위해 일한다. 반면 놀이는 그냥 재미로 한다. 놀이의 결과 상상력이 풍부해질 수도 있고, 공동체의 연대가 강화될 수도 있으나, 이것은 부수적 결과이다.

---

* Johan Huizinga, 앞의 책, 16쪽.

지신밟기는 자유로운 놀이이다

지신밟기는 놀이이다. 거기에 축원의 기능이 있지만, 그것은 그냥 그런 척해보는 것이다. 강아지는 친구들과 뛰어놀 때 일부러 화가 난 척하며 공격하는 시늉을 한다. 전통사회에서 지신밟기를 하는 사람도 마찬가지이다. 그들은 마을과 가정에 신이 있다고 믿는 척하며 세상을 다른 방식으로 형상화하면서 노는 것이다.

지신밟기를 구성하는 고사소리, 춤, 연주, 연기는 모두 놀이이다. 그리고 인간은 본질적으로 놀이하는 존재이다. 그러므로 지신밟기는 축원적 성격을 그대로 간직하면서도 현대인에게 재미있는 놀이로 변형할 수 있다.

2006년 2월 11일 미국 로스앤젤레스 한인 타운에서 지신밟기가 연행되었다. 인근 대학의 한국계 학생들로 구성된 풍물패가 한인 타운 내의 상가를 돌면서 한 해 상인들의 안녕과 번성을 기원하면서 지신밟기를 한 것이다.* 미국의 지신밟기는 전통사회에 비해 연행 주체, 연행 공간, 연행 환경이 다르다. 그러나 지신밟기의 본질인 축원적 성격을 지켰다.

이에 반해 국내 지신밟기 보존회에서는 판굿 요소와 잡색놀

* 길태숙, 「로스앤젤레스 한인 타운에서의 지신밟기의 의미-자아 및 한인공동체의 정체성 표출과 관련하여」, 『열상고전연구』 제25집, 열상고전연구회, 2007, 257쪽.

이를 강화하여 연희성을 늘이려고 한다.[*] 그러나 이것은 올바른 발전 방향이 아니라고 필자는 믿는다. 지신밟기는 풍물패와 잡색놀음으로 구성되어 있다. 잡색은 대포수, 하동, 사대부, 각시 같은 연극적 인물이다. 이들은 소극을 벌이며 구경꾼들을 즐겁게 한다. 판굿이나 잡색놀음의 비중이 커지면 지신밟기는 일반 농악과 구별하기 힘들어 축원의 성격을 상실하게 된다.

풍물은 노래와 춤, 음악과 연극을 포괄하는 종합적 놀이이다. 풍물에 축원이라는 의례적 성격을 가미하면 그것은 지신밟기로 변화한다. 이 의례적 요소 역시 놀이이다. 그 놀이방식을 시대에 맞추어 변형하면 지신밟기는 현대사회에도 살아 있는 놀이가 될 것이다.

예술의 본질은 진리의 건설과 각성이다. 지신밟기가 정말로 지신을 믿고 지신에게 축원한다면 그것은 진리를 파괴하고 은폐하는 것이다. 그러나 지신밟기는 놀이이다. 그러므로 지신을 밟기에 참여한 사람들은 지신을 만들어 세상에 투사하고 그것에 축원을 올린다. 이 과정에서 사람들은 자신의 삶과 세계의 진실을 새로운 시각으로 보게 된다.

---

* 최자운, 앞의 글, 242쪽.

에필로그

지역 무용이란 무엇인가? 부산이나 대구, 광주 무용은 조선 무용과 어떻게 다를까? 많은 지역 무용가들은 지역 춤에 독특한 향토적 개성이 있을 것이라고 가정하고 그것을 찾으려고 노력했다. 그들은 지역의 지형적 그리고 역사적 측면에서 특성을 찾아서 그것을 지역 춤에 연결하려고 시도하였다. 그러나 이런 노력은 다 헛수고임이 드러났다. 왜냐하면 각자의 지역에만 존재하는 독특한 무용이 없기 때문이다. 부산과 서울의 거리는 KTX로 3시간 이내이며, 호남지역도 부산에서 하루에 왕복할 수 있는 거리이다. 설사 과거에는 지리적 · 사회적 특성이 각자의 지역에 있다고 하더라도 이제는 더 이상 남아 있지 않다.

그런데 아직도 지역의 역사적 특성을 작품에 투사하려는 사람들이 많다. 부산지역의 경우, 투박성과 배김새가 부산무용의 특징이라는 지적을 많은 연구자들이 한다. 그런데 투박성이 무슨 의미인가? 이 말이 춤을 못 추거나 세련되지 않았다는 점을 의미한다면 이것은 부산 춤이 수준이 낮다는 점을 말하는 것이다. 저질성이 부산 춤의 특징일 수는 없다. 그리고 배김새 동작은 다른 지역의 무용에 비해 부산무용에 자주 보인다. 그러나 이것은 너무나 작은 요소라서 부산 춤의 중요특징이 아니다.

지역 무용은 무용수의 출신지와 연행 공간으로 규정해야 한다. 예를 들어 부산무용은 부산 출신 무용수가 주로 부산이라는 지역에서 공연하는 조선무용이다. 다른 지역무용에 대해서도 그렇게 규정할 수 있다. 광주무용이란 광주 출신 무용수가 주로 광주에서 공연하는 조선무용이며, 대구무용은 대구 출신 무용수가 주로 대구에서 공연하는 조선무용이다. 부산과 호남 사이에 지역적 특성은 별 차이가 없지만, 무용수마다 개성은 상당히 차이가 난다. 그래서 지역과 상관없이 개별 무용수들이 지향하는 가치와 선호하는 동작 때문에 개성적 작품이 나올 수 있는 것이다.

지역 무용의 공식은 다음과 같다.

지역 무용 = 조선무용 + 지역 무용수의 개성
서울 무용 = 조선무용 + 서울 지역 무용수의 개성
대전 무용 = 조선무용 + 대전 지역 무용수의 개성

만약 무용가의 개별성에 차이가 없다면 지역무용은 조선무용과 같을 것이다. 그러나 무용수는 각각 개성적 인간이기 때문에 각자 나름의 방식으로 형식과 내용을 통합하는 작품을 창작할 수 있다. 21세기 지역 무용이란 향토무용이 아니라 지역 무용가의 개성이 담겨 있는 조선무용인 것이다.

2001년 어느 날 필자가 재직하는 경성대 콘서트홀에서 조선 무용가 신은주의 공연이 열렸다. 무용 철학에 대한 논문을 철학 학술지에 발표하던 필자는 공부에 도움이 될까 하여 공연을 보러 갔다. 거기서 부산일보 무용담당 임성원 기자를 알게 되었다. 그해 임 기자의 권유로 필자는 부산일보에 무용 칼럼을 쓰기 시작했다. 그 후 종합 예술 잡지 『예술부산』 하주희 주간의 격려로 『예술부산』에 자주 무용 칼럼을 기고했다. 『예술부산』의 정지영 기자는 필자와 함께 무용가들을 인터뷰하며 진행을 도와주었다. 이 세 분의 도움으로 이 책을 쓰게 되었다. 감사의 마음을 전한다.

부록

1 김덕명의 지성승무

2 김복련의 살품이춤과 신현숙의 승무 (경기도 무형문화재 제8호)

3 이애리의 심화영류 승무

4 한영숙의 살풀이춤

5 김수지, 박민영, 최예지의 이매방류 입춤

6 제1회 박금슬 추모공연

7 백년욱의 수건춤 (대구광역시 무형문화재 제18호)

8 최보경의 강선영류 즉흥무

9 윤미라의 박지홍제 최희선류 달구벌 입춤

10 국립극장 신무용 50주년 기념 공연

11 조택원의 가사호접

12 동해안별신굿(1994)

13 진도 씻김굿(1987)

참고문헌

제1부

무용의 본질과 가치

Martin Heidegger, *Sein und Zeit* (GA 2)

Martin Heidegger, *Der Ursprung des Kunstwerkes* (Ursprung)

조선무용의 변화와 발전

장사훈, 「한국 최초의 민간음악 교육기관」, 『민족문화연구』 통권 제8호, 1974.

Wladyslaw Tatarkiewicz, J. Harrell. (Ed.), *History of Aesthetics 1. Ancient Aesthetics,* 1970.

제2부

승무

백현순, 「장홍심 바라승무의 춤사위 분석」, 『한국무용연구』 38권 4호, 한국무용연구학회, 2020.

위송이, 「한성준 승무 연구-김천흥본, 이주환본을 중심으로」, 단국대학교 대학원 박사논문, 2019.

이정노 · 이주희.「김정연의 춤 활동에 관한 무용사적 의의-『한국무용도감』을 중심으로」,『공연문화연구』 제33집, 한국공연문화학회, 2016.

살풀이

국립문화재연구소,『살풀이춤-중요무형문화재 제97호』, 한국의 중요 무형문화재 11, 1998.

국승희 · 강지연,「한영숙류와 이매방류 살풀이 춤의 미적 특성 비교」,『한국스토리학회지』 제14권 제1호, 한국스포츠학회, 2006.

김연정,「한성준춤 다시보기-시대인식과 춤인식을 바탕으로」,『무용역사기록학』 제44호, 무용역사기록학회, 2017.

김영희,『개화기 대중 예술의 꽃, 기생』, 민속원, 2006.

백현순,「살풀이춤과 한의 철학적 해석」,『한국무용연구』 27권 1호, 한국무용학회, 2009.

송미숙 · 최태선,「미적 관점에서 본 살풀이춤과 즉흥무의 비교 연구」,『움직임의 철학』 제14권 2호, 한국체육철학회, 2006.

송미숙,「류파별 살풀이춤을 통해 본 한국춤의 미」,『한국무용사학』 제12호, 한국무용사학회, 2011.

안병주 · 홍승희,「한영숙류 살풀이춤 기록 실태에 관한 비교분석-무보관련 학위논문을 중심으로」,『한국무용기록학회지』 제21호, 한국무용기록학회, 2011.

이보형,「살푸리와 도살무리와 동살푸리의 비교」,『민족음악학 2』, 서울대학교 동양음악연구소, 1980.

이정노,「일제강점기 서울지역 기생의 요리점 활동과 춤 연행 양상 연구」,『한국문화연구』 제29호, 이화여자대학교 한국문화연구원, 2015.

이정노,「전통춤 담론으로서 살풀이춤 무속파생설 형성에 관한 연구」,『한국민속학』 제70권, 한국민속학회, 2019.

황경숙 · 이주연,「살풀이춤의 무용미학적 고찰-한영숙류를 중심으로」,『한국스포츠학회』 제15권 제5호, 한국스포츠리서치, 2004.

G. W. F. Hegel, *Vorlesungen über die Logik*, Berlin, Felix Meiner Verlag, 1831.

태평무

김영숙, 「태평무의 발달과정과 특이성에 관한 연구」, 세종대학교 대학원 석사논문, 1995.
송문숙, 「강선영류 태평무 춤사위 구조 분석을 통한 세부 기법 연구」, 『한국여성체육학회지』 제17권 제1호, 한국여성체육학회, 2003.
신미향, 「강선영류 태평무의 무형문화재적 가치연구」, 한국예술종합학교, 2010.
염현주, 「경기 도당굿을 통해 본 태평무 연구」, 숙명여자대학교 교육대학원, 1996.
원혜정, 「태평무의 상징성에 관한 고찰: 한영숙류 태평무를 중심으로」, 부산대학교 대학원 석사논문, 2013.
오덕자 · 심경은, 「무형문화재 태평무 명예 보유자 강선영 생애담을 통한 성인기 삶의 의미」, 『한국여성체육학회지』, 제31권 제1호, 한국여성체육학회, 2017.
한소정 · 윤수미, 「한영숙류 태평무 전승에 따른 춤사위 비교분석」, 『한국무용연구』 38권 3호, 한국무용연구학회, 2020.

한량무

김덕명, 『무형문화재 경상남도 제3호 한량무 무보』, 1994.
김호연, 「한량무의 전승 양상과 그 서사구조 연구-한성준 계열 강선영류를 중심으로」, 『무용역사기록학』 제49호, 무용역사기록학회, 2018.
민향숙, 「관기제도(官妓制度) 해체 이후 기성권번(箕城券番)의 등장 과정 고찰」, 『대한무용학회논문집』 제76권 제4호, 2018.
송석하, 『石南 宋錫夏-한국 민속의 재음미 下』, 국립민속박물관, 2004.
이유준, 이철희 옮김, 『국역몽유연행록』, 세종대왕기념사업회, 2018.
이정노, 「일제강점기 서울지역 기생의 요리점 활동과 춤 연행 양상 연구」,

『한국문화연구』 제29호, 이화여자대학교 한국문화연구원, 2015.
정현석, 성무경 옮김, 『교방가요-조선후기 지방 교방(敎坊)의 악 · 가 · 무(樂歌舞)』, 보고사, 2002.
최성애, 「19세기 연행록에 표현된 연행활동-춤을 중심으로」, 『한국한문학연구』 제76집, 한국한문학회, 2019.

입무

권도희, 「대한제국기 황실극장의 대중극장으로의 전환 과정에 대한 연구-희대 · 협률사를 중심으로」, 『국악원논문집』 제32집, 2015.
백경우, 「음양관점에서 본 이매방 입춤의 유수적 유동미에 관한 연구」, 『우리춤연구』 제20집, 우리춤연구소, 2013.
성기숙, 「입춤의 생성배경과 류파에 따른 전승맥락 연구」, 『한국무용연구』 14권, 한국무용연구학회, 1996.
이종희, 「최희선류 〈달구벌 입춤〉 춤사위에 내재된 특징적 요소 고찰」, 『대한무용학회논문집』 제76권 제6호, 대한무용학회, 2018.
이주영, 「광무대 연구-제국의 시선으로부터 비껴간 근대 극장」, 『한국연극학』 제48집, 한국연극학회, 2012.
최식, 「『조선미인보감(朝鮮美人寶鑑)』의 편자와 서술방식」, 『민족무용』 8권 0호, 한국예술종합학교 세계민족무용연구소, 2005.
허순선, 「박금슬의 입춤 연구」, 『한국무용교육학회지』 제19집 제1호 통권 제29호, 한국무용교육학회, 2008.
허연희, 「일본인의 조선견문기에서 읽는 기생무용과 그 평가」, 『영남춤학회지』 2권 2호, 영남춤학회, 2014.

신무용

남성호, 「근대 일본의 '무용' 용어 등장과 신무용의 전개」, 『민족무용』 제20호, 세계민족무용연구소, 2016.
박난영 · 전은자, 「이시이바쿠의 작품에 나타난 안무체계 연구-〈수인〉, 〈실념〉, 〈하얀손장갑〉을 중심으로」, 『대한무용학회논문집』 제70권 제2호, 대한무용학회, 2012.
배성한, 「〈가사호접(袈裟胡蝶)〉의 무도기록을 통해 나타난 작품 특징 연구」, 『한국무용기록학회지』 제11호, 한국무용기록학회, 2006.
심정민, 「방송 영상물로 조명된 최승희의 삶과 춤-아리랑TV 「무용가 최승희」를 중심으로」, 『영상문화』 19호, 한국영상문화학회, 2012.
이종숙, 「'무용(舞踊)', '신무용(新舞踊)' 용어의 수용과 정착-〈매일신보〉, 〈동아일보〉, 〈조선일보〉 기사를 중심으로」, 『무용역사기록학』 제46호, 2017.

정재

김은자, 「선유락(船遊樂)의 전승양상과 공연미학적 성격」, 『민족무용』 제8호, 세계민족무용연구소, 2005.
신하얀, 「조선 후기 궁중 정재에 나타난 홀 춤 연구」, 공주대학교 대학원 석사논문, 2012.
이의강, 「악장(樂章)으로 읽어보는 효명세자(孝明世子)의 '정재(呈才)' 연출의식-순조조(純祖朝) 무자년(戊子年)(1828) 연경당진작(演慶堂進爵)의 경우」, 『한문학보』 제12집, 우리한문학회, 2005.
정가영, 「궁중정재의 놀이성 연구-〈포구락〉, 〈선유락〉, 〈보상무〉, 〈학무〉를 중심으로」, 고려대학교 대학원 석사논문, 2018.
조경아, 「'정재(呈才)' 장르 명칭과 이칭의 역사」, 『민족무용』 제20호, 세계민족무용연구소, 2016.

교방무

권혜경, 「조선후기 교방의 연행활동 연구-춤을 중심으로」, 이화여자대학교 대학원 석사논문, 2005.
문주석(文做碩), 「『教坊歌謠』 所載 '教坊呈才' 研究-項莊舞 · 僧舞를 中心으로」, 『民族文化論叢』 제27집, 嶺南大學校民族文化研究所, 2003.

박영민, 「19세기 지방관아의 교방정책과 관기의 경제현실-江界府의 「敎坊節目」을 중심으로」, 『민족문화연구』 제50호, 고려대학교 민족문화연구원, 2009.
서지영, 「상실과 부재의 시공간-1930년대 요리점과 기생」, 『정신문화연구』 제32권 제3호, 한국학중앙연구원, 2009.
이정노, 「일제강점기 서울지역 기생의 요리점 활동과 춤 연행 양상 연구」, 『한국문화연구』 제29호, 이화여자대학교 한국문화연구원, 2015.

검무

백봉선, 「궁중검무와 진주검무 비교분석」, 진주교육대학교 교육대학원 석사논문, 2019.
임수정, 「한국 여기검무(女妓劍舞)의 예술적 형식과 지역적 특성 연구」, 용인대학교 대학원 박사논문, 2007.
정현석, 성무경 옮김, 『교방가요-조선후기 지방 교방(敎坊)의 악 · 가 · 무(樂歌舞)』, 보고사, 2002.

제3부

동해안별신굿

박경신, 「동해안 별신굿의 구성 방법과 그 특징」, 『구비문학연구』 1권, 한국구비문학학회, 1994.
윤동환, 「동해안별신굿의 연행요소와 유형」, 『민속연구』 제19집, 안동대학교 한국학연구원 민속학연구소, 2009.
전성희, 「굿춤 전승 지식의 재생산과 '몸-지식'의 근대적 변화-동해안 별신굿 무관[춤사위]를 중심으로」, 『실천민속학연구』 제34호, 실천민속학회, 2019.
Mircea Eliade, *The Sacred and The Profane*, tr. Willard R. Trask, Harcourt Brace Jovanovich, 1987.

동래고무

김온경, 『동래고무 총람-부산광역시 무형문화재 제10호』, 부산민속예술보존협회, 1999.

박은영, 「조선 후기 궁중 · 교방 정재 및 민속무용의 상호교섭과 변모 양상」, 『한국문학과예술』 창간호, 한국문학과예술, 2008.

성무경, 이의강 책임 번역, 『(완역집성)정재무도홀기』, 보고사, 2005.

정현석, 성무경 옮김, 『교방가요-조선후기 지방 교방(敎坊)의 악 · 가 · 무(樂歌舞)』, 보고사, 2002.

조경아, 「무고(舞鼓) 정재의 가무악 요소에 담긴 의미와 그 역사성」, 『한국무용사학』 제13호, 한국무용사학회, 2012.

동래야류

심상교, 「동래야류 전승과정 연구 1-문장원, 천재동 증언을 중심으로」, 『어문논집』 제47집, 민족어문학회, 2003.

손숙경, 「한말 식민지기 동래지역 기영회의 사회활동과 경제기반」, 『석당논총』 제68집, 동아대학교 석당학술원, 2017.

송석하, 『한국민속고』, 일신사, 1960.

이훈상, 「식민지기 경남 지역사회의 탈춤 "부흥" 운동과 주도자들-동래 야류 연행의 문화정치학」, 『대동문화연구』 제79집, 성균관대학교 출판부, 2012.

황경숙, 「동래야유 연구-양반과장에 나타난 세계관을 중심으로」, 『국어국문학』 27권, 부산대학교국어국문학과, 1990.

수영야류

손태도, 『광대의 가창 문화』, 집문당, 2003.

송석하, 『石南 宋錫夏-한국 민속의 재음미 上』, 국립민속박물관, 2004.

이훈상 외 3인, 「합천 밤마리 오광대에서 활인대로, 활인대에서 합천 밤마리 오광대로」, 사회민 합천군 동아대학교 석당 학술원 한국학 연구소. 2015.
정상박, 『수영야류』, 화산문화, 2001.
태덕수, 『한바탕 자알 놀았네-수영야류 태덕수』, 국립문화재연구소, 2013.
Martin Heidegger, *Nietzsche: Der Will zur Macht als Kunst*, GA 6.1, Vittorio Klostermann, Frankfurt am Main.

지전무

박미경, 「김진홍류 지전춤 연구」, 한국예술종합학교, 2017.
이건미, 「근대 이후 화성재인청 이동안류 춤의 전승과 변형과정에 관한 연구」, 『대한무용학회논문집』 제74권 제6호, 대한무용학회, 2016.
전성희, 「굿춤 전승지식의 재생산과 '몸-지식'의 근대적 변화-동해안별신굿 무관[춤사위]을 중심으로」, 『실천민속학연구』 제34호, 실천민속학회, 2019.
최지원, 「전통 재창작화 과정의 예술적 가치에 관한 연구-화성재인청 이동안류 엇중모리 신칼대신무를 중심으로」, 『대한무용학회논문집』 제78권 제4호, 대한무용학회, 2020.

동래학춤

김온경, 「동래학춤에 관한 연구」, 『한국무용연구』 제5집, 한국무용연구회, 1987.
김온경, 「부산 · 경남 춤 원류 연구」, 『우리춤 연구』 제4집, 우리춤연구소, 2007.
서국영, 『동래학춤』, 문화재관리국, 1973.
월터 테리, 『춤을 어떻게 볼 것인가』(원제: How to look at dance), 현대미학사, 1999.
G. W. F. Hegel, *Vorlesungen über die Ästhetik Ⅲ*. Suhrkamp.

지신밟기

길태숙, 「로스앤젤레스 한인 타운에서의 지신밟기의 의미-자아 및 한인공동체의 정체성 표출과 관련하여」, 『열상고전연구』 제25집, 열상고전연구회, 2007.

송석하, 『石南 宋錫夏-한국 민속의 재음미 上』, 국립민속박물관, 2004.

최자운, 「부산 경남지역 지신밟기 공연의 추이와 의의」, 『한국민요학』 제40집, 한국민요학회, 2014.

Johan Huizinga, *Homo Ludens: Vom Ursprung der Kultur im Spiel,* rowohlts enzyklopädie, 2013.

찾아보기